アメリカの中の日本

ジェイムズ R・モリタ

大学教育出版

まえがき

本書は、異文化の受容または影響についてのケース・スタディーであると思っていただきたい。主題はアメリカの中の日本と日本的なもの、アメリカ人の意識にある日本で、アメリカが日本の文化や文物からどのように学び、影響を受けてきたか、つまり、日本の何をどれだけどのように理解して受け入れてきたかを問題にする。方法としては、アメリカが日本をどのように研究してきたか、日本語教育をどのように行ってきたか、日本語をどんなに使ってきたか、アメリカに入ってきた日本の美術品や図書資料にどのような対応を示してきたかなどの点を、アメリカの視点から観察して考証した。さらに、アメリカに入った日本人やその子孫たち、日本料理、日本車、俳句などが、時の移り、アメリカ自体の成長と変貌に沿って変わっていった状態にも注目した。したがって、本書は抽象的な文化論や数字統計を中心とした比較社会学説ではなく、ごく日常的なレベルで、日本では忘れられた日本や、変わった日本人を紹介したり、またアメリカの隠れた内面を披露することにもなろう。

本書で扱う時代範囲は、だいたい二十世紀の半ばから二十一世紀の初めまでの約五十年間とした。それはわたしがアメリカで生活した期間とほぼ一致するので、記述を実証的にすることができる。同時に、地理範囲をわたしが実際に住んだ場所、訪ねた都市や村とした。アメリカは東西の間に三時間、ハワイを入れれば六時間の時差があるという広い国で、大統領選挙のときでも時間の早い東部から開票が始まるので、カリフォルニアなどの西部の諸州の投票が終わらないうちに次期大統領が決まっていることさえある。政治地図によると、中西部、つまりアメリカの真ん中辺と南部が保守的な共和党のホワイト・アメリカで、西部と東部にどちらかと言うと民主党支持の、かなり対照的なアメリカがある。わたしは西部、中西部、東部の七つの州、七つの町で生活した。

むかし明六社によった西周だったか、東洋と西洋の両方に学んだ日本の知識人がThe United States of Americaを「アメリカ合州国」ではなく、「アメリカ合衆国」としたのは名訳であった。アメリカはたかだか二百数十年前ヨーロッパからやって来た移民によってつくられ、彼らの自由と平等の精神に基づいて統治され、ヨーロッパからだけでなく次々と日本や中国を含める世界各地からの移民や難民を受け入れ、それらの国々から習って育っている若い国だ。比較的少数の群衆が独立のために闘った建国時代から、実に多様な大衆が渦巻く現代に至るまで、アメリカの政治も文化も「衆」を根底にしている。

そのアメリカに日本の移民が入ってきたのはヨーロッパからの初期の移民よりずっと遅れてであって、しかも比較的短期間だけのことだった。両国の国交の歴史を見ると、ペリー提督の訪日のころからずっと後の第二次世界大戦まで重大事がかなりあったが、アメリカは西欧諸国とも重大事を持ったし、何よりも、アメリカは個人や個性を尊重する気風であったうえ、他国の軍隊に占領された経験を持たなかったので、異なった言葉や風俗、政治体制まで何でも一辺倒に受容することがなかった。アメリカはアメリカ英語のうえでも、イデオロギーのうえでも、文化のうえでも、むしろ世界に押し出していくことが多かった。日本の優れた精密器械や電気製品や自動車やコンピューターなどがアメリカ市場を押さえ、有能な日本人ビジネスマンが「エコノミック・アニマル」と呼ばれながら活躍し、ザイバツとかエダマメとかキャラオキ（カラオケ）のような日本語が日常英語として通じるようになったのは近年になってからだ。それでも日本語がアメリカの主要日常語の一つになることはなかった。その近年には、古くから辛苦努力してアメリカの中の日本の基を築いたジャパニーズ・アメリカン、つまり日系アメリカ人たちは、アフリカン・アメリカンやラティノ・アメリカンなどの大きな社会的経済的政治的勢力に対応する一つのグループであるエイジャン・アメリカンというカテゴリーの一部に数えられるようになり、そのグループの中では中国系や韓国系のアメリカ人の陰になりがちである。

わたしは今ワシントンの郊外に住んでいるが、役所や会社や銀行のような所に電話すると、例外なくまず器械の声が英語で話すかスペイン語で話すかのチョイスを聞いてくる。店頭には韓国語やベトナム語の地方新聞や週刊誌が何種類も並んでいる。日本語の地方新聞はない。ある小学校では五十カ国くらいからの子供たちがばらばらに十五カ国語くらいの言葉を常に話している。ニューヨーク市の川向こうのジャージー・シティーでは、一九九〇年からの十年間にスペイン語系の人間が三十二パーセント、アジア諸国の言葉を話す人が五十六パーセント増え、そのため市の公立学校では五十二カ国の言語が聞けるという記事もあった。そのような事態がアメリカ学童の、ひいては大人たちの知能指数が低く出る一つの原因であるという説がある。五十六パーセントも増えたアジア系言語の人たちのうちでは、韓国語、中国語、ベトナム語、タイ語などを話す人が圧倒的で、日本語はごく少数である。

そんなことで、比較的に見ると、アメリカへの日本の浸透の度合は、ヨーロッパや南米や中近東や東洋の諸国の言語や生活様式や文化が浸透し溶け合っている度合より小さく、また、浅いようだ。アメリカの中の日本、日本的なもの、日本の影響はまだ新しくて、散発的で、あるものはまだ定着中であるように見える。そんな状態なので、アメリカの中の日本はまだ認知できるし、それをディスカスすることは十分可能である。それが異質のものと混ざって分からなくなる前にノートしておくことには意義があると考える。

わたしは、初め西部の町で労働をし、次に中西部に移り、授業後と夜と土曜日をぎりぎりに働きながら、ミシガン大学の極東研究（Far Eastern Studies）とシカゴ大学の東洋の言語と文明学部（Department of Oriental Languages and Civilizations）で勉強した。それらの大学は、一九五〇年代にはすでに、学生がたとえば日本文学を読むためには言語だけでなく、日本の国土や民族や歴史や思想や風俗といった文化全般の知識が必要であるという信念に基づいた幅広い大学院レベルのプログラムを持っていた。したがって級友は歴史、地理、政治、経済、宗教史、美術史などの学部を終えた、将来は日本の歴史や日本の地理の専門家になりたいという大学院生で、授業は諸学部からの複数の教授たちによる総合セミナーが多かった。文化人類学の日本社会組織と日本人の心情の分析や、歴史学の日本制度史などが、いつもプログラムの基本にあった。同類の他のプログラムと並んで地域研究（Area Studies）とも呼ばれたそんなプログラムで学位を得てから、わたしはしばらく西部の太平洋に沿った州の大学に奉職、一九七〇年代に中西部の州の大学に移ってそこで日本文学の教授になった。

大学では日本文学全般の流れや、明治以降の小説や詩について英語で講義し、日本語のコースでも説明は英語でし、また後には大学院生と現代詩を読み、それを日本語と英語の両方で論じた。わたしのマザー・タング（母国語）は日本語なので、いつもその間、異なった国で異なった言語の文学を理解する問題とか、考えの伝達とか、人の心の通い合いとか、つまり、異文化の浸透と影響の過程について、自分の納得が必要だったと同時に、学生にも考えて欲しかった。文学では日本文学の緻密さも簡略さも微妙さも深遠さも分かって欲しかったし、語学では日本語での考え方、表現の仕方などを英語のそれと比べて違いや面白さや豊富さに気づき、理解して欲しかった。翻訳で日本文学に触れる一般教養課程の学生や、日本語を習った学外の人が日本の言葉や日本文学が「分かる」とか「おもしろい」という場合、それはわたしと同じようにか、または違ったふうに意味や感じや良さが分かり、同じ具合にか、または違った具合におもしろいと思うのだろうかと考えた。夏目漱石のような、英語に通じた聡明な日本人でも、ロンドンでは自分の英文学の理解の度合とイギリス人の英文学の理解の度合に差があるのではないかと、悩みと疑問を抱いたという例もある。アメリカ人には漱石の『こころ』に描かれた愛や倫理のことがよく分からないし、日本の詩人たちの七・五調の響きのことも、巧妙な漢字や擬音語の使用効果のことも感知できないようだった。感知できても、日本人と同じようにおもしろいとかすばらしいと言って感嘆することはなかった。学生たちが想像して理解しようとする「古池」や「蛙」や「花」や「秋」のような事物や環境や雰囲気は、そのサイズの点でも数のうえでも美感にしても、日本人の意識に常在するものと同じではないのだ。とするならば、人と人、人と国、国と国、国と人などの間で影響はどのようにして生じるのだろうか、知識や文化はどのようにして浸透するのだろうか。大きくいえば、歴史ははたしてどのようにしてつくられるのだろうかという疑問があった。専門家の回答はいろいろ可能であろうが、わたしとしては、もっと地に着いた実生活のレベルでの事例を挙げてそれを説明する助力ができるのではないかと思い、折々メモを取っておいた。

そのメモは、一九九〇年代の半ばに大学を退いてからも増えた。首府ワシントンにはさすがに日本の文物が多く、日本がトピックとして頻繁に浮上した。また実に目前に、アメリカの許容性を頼りとするように日本以外のあらゆる国からではないかと思わせる異なった文化圏から流入する群衆と、そのために急速に変貌するアメリカがあった。変動する世界の直接の反映を見る思いもあった。本書は、それら新旧のメモを基にして書いたノートである。

どんなに優れた学術書でも、翻訳でも、ある主題の文集でも、たいてい類書というものが存在するし、後のものには必ず先行のものとは別の視点、別の資料、別の解釈、別の書き方などが可能である。そのうえ、まったく知られていなかった新分野やトピックなどが存在するはずで、そこに比較の対象ができ、それが考えを刺激し、知識を進歩させる。本書でもそれが起こることを期待したい。

日本研究の専門分野には知己があるので、個人の名指しと業績への言及をややコントロールしたところがある。なお、文中では敬称をいっさい省いた。

アメリカの中の日本 ＊ 目次

1 記念碑

日本人と日系アメリカ人のためのメモリアルが首府ワシントンに建立され、二〇〇一年の初夏にオープンした。場所はリンカーン大統領のための大きな記念堂や、朝鮮戦争やベトナム戦争で戦死した将兵のための大きな記念碑パークなどがあるモール（樹木や遊歩道のある大きな広場）の中心からちょっと離れているが、樹木を透かして上院議員のオフィスと議事堂が間近に見える上等地である。**The Japanese American Memorial to Patriotism During World War II**（日系アメリカ人第二次世界大戦中報国記念碑）がメモリアルの正式の名前で、それが入り口の石に彫ってある。

メモリアルとは普通亡くなった人のための記念碑とか記念行事という意味で、たとえばメモリアル・デーは毎年五月の戦没将兵記念日、国定の休日である。大きな有名なメモリアルがワシントンに集まっているので、むかしの大統領や戦争で亡くなった人々をしのぶためにやって来る訪問者や観光客が年中後を絶たない。しかし、一番大きな戦争であった第二次世界大戦で戦死した将兵のためのメモリアルが後回しになってまだないので、早く造らなければと、もう長いこと国を挙げて計画が論議されている。国立メモリアルを建設するともなれば、種々のグループが現れて、建立の場所が適当でない、場所の決め方が違法である、デザインが適当でない、などの異議を立てて訴訟を重ねるのである。日系アメリカ人第二次世界大戦中報国記念碑の建立は、そんなディスカッションの最中の快挙であった。

日系アメリカ人第二次世界大戦中報国記念碑の敷地は他の記念碑に比べてかなり小さく、しかも三角形だが、他のメモリアル建設を手掛けた経験を持つバックレー（Davis Buckley）という設計者が地劃の隅々まで活用するように工夫した。それは広い通りに面しており、訪問者は議事堂を背にするようにして入れば、まず石壁に囲まれた小さい円形広場に出る。そこの石壁に、第二次世界大戦の初頭にアメリカ政府が日本人と日系アメリカ人の反米反逆行為を恐れて、ハワイを除く太平洋岸の諸州に住んでいた日系人を収容した場所の名前と、収容人数が大きく刻んであるのだ。収容所はカリフォルニア州のほか、アリゾナ州やモンタナ州などの僻地に散らばり、その数は十カ所、のべ十一万から十二万の一般日系人を老若を問わず入れたのであった。広場の真ん中には、羽を延ばした鶴二匹が鉄条網から逃れようとしている様を表した彫刻が高く据えてある。

この彫刻は日本人を母親にもつアケム（Nina Akamu）という女性の作品である。父親がアメリカ空軍にいたので沖縄やハワイに住んだことがあったが、奇妙と言うべきか当然と言うべきか、彼女はメモリアルの設計者バックレーに仕事の依頼を受けるまで、第二次世界大戦中の日系人収容の出来事も知らず、日系アメリカ人社会と何の関わりも無かったという。彼女が製作した収容日本人の象徴とみられる鶴二羽の彫刻は金色に塗ってある。

その広場から右に回って石壁が続き、対面に石を浮かべた池庭がある。池庭はちょっと禅的かと思わせるが、水面近くにはたくさんの噴水の蛇口があるので、いつも静かな庭ではない。壁の方に日系アメリカ人戦没者約八百人の名前が刻んである。刻んである字は小さめである。それらの名前の次のスペース、通りに向かった出口の方の壁に、白く光った直径三十センチほど長さ六メートルほどもある円柱形の金属のオブジェが横向きに据えてある。マティス（Paul Matisse）という人の作品で、実は教会や寺院の鐘のような音を出すのだという説も読んだが、あまり高い所にあるので手を触れたこともないし、鳴る音を聞いたこともない。

このメモリアルの名前と、広場や石壁や通路の各所に刻まれた大統領や日系アメリカ人の上院や下院の議員や日系アメリカ人市民運動のリーダーの言葉などを総合すると、「日系アメリカ人第二次世界大戦中報国記念碑」は盛りだくさんで、その意図は複雑にみえる。少なくとも二つの意図は明らかである。その一つは、第二次世界大戦中の日本人および日系アメリカ人が十カ所の収容所に収容されたという事実を記念すること、他の一つは、第二次世界大戦中に戦死した日系アメリカ人を慰霊記念することである。

石に刻まれた大統領の言葉は、ロナルド・レーガン（Ronald Reagan）のもので、彼が一九八八年公民権利保障法案（Civil Liberties Act）にサインして、存命の元被収容者に一人あたり二万ドルの慰謝料を支払うことを決めたとき述べたものである。それは、今我々は非を認め、今後は法に基づいて正義公平な国家として云々という、「Here we admit a wrong. Here we affirm the commitment as a nation to equal justice under the law....」である。このしばしば引用されるスピーチが、鶴の広場の十の収容所の名前に向き合うように置かれている。このことを重視して、このメモリアルを、収容所に入らなければならなかった日本人および日系アメリカ人に対する国家の謝罪の意を表明した碑だと言う人もある。

ある日そのメモリアルに行っていたら、カメラを持った観光客らしい二人連れの中年婦人から日本人かと尋ねられた。ベトナム系のアメリカ人と区別できなかったのかもしれない、とわたしは後から思った。彼女たちは、日本人と日系アメリカ人が入っていた収容所の名前と収容者数を彫った石壁の所に日本人が立っている写真を撮りたいというのだ。南部なまりの英語だった。わたしでは適当なモデルにならないでしょうと丁寧に断ったが、その人たちはこの新しいメモリアルを見るまで、自分たちの政府が大戦を期に日系人を僻地に分散収容した事実を知らなかったのである。日本人を母親に持つ彫刻家と同じである。戦争から半世紀以上たったことだし、通俗から低俗が風靡する今のアメリカでは、むかしの出来事を知らない人間がいても仕方がないとわたしは思った。他にも来ていた訪問客はそんな歴史を知っていたか、知らないで眺めていただけだったか。

確かに、第二次世界大戦から時間が過ぎた。世界の政治事情も経済情勢も変わり、大勢の難民ができる戦争や革命があった。その間にアメリカには日本を除くほとんどあらゆる国からの移民が入った事実もあって、日本が戦った第二次世界大戦についての記憶も知識も持っていない人がいる。一般のアメリカ人は、わたしにモデルになって写真を撮らせてくれと言った観光客のように、ハワイのパール・ハーバーのことは学校や映画を通じて知っているが、アメリカ本土内の日本人および日系アメリカ人が収容された事実については聞いたこともなかったというのが普通である。韓国系アメリカ人にもベトナム系アメリカ人にも、去ってきた国で激しく戦われた戦争の記憶さえ薄れている。

ただユダヤ系アメリカ人は例外かもしれない。第二次世界大戦の同じころナチ・ドイツに捕まって収容所に入れられた経験を持つ人たちと、その二世三世四世たちからなるアメリカ人である。不当な待遇を受け、肉親や友人や知人を虐殺されたと、ことあるたびにアウシュビッツ収容所のことが口にも文にも出る。（ユダヤ系アメリカ人のためには、やはりワシントンのモール中心からちょっと離れた場所に、一九九三年にUnited States Holocaust Memorial Museum〈アメリカ・ホロコースト記念博物館〉が建てられ、いつも大勢の訪問者や観光客が訪ねている。）そこで、日系アメリカ人の中にも、祖先や自分たちの収容所経験をユダヤ人のホロコースト経験と同等に考えている人たちがいるようだ。日系アメリカ人第二次世界大戦中報国記念碑の建立に関するロサンゼルスのある日系人協会からの手紙が、そのことを示唆していると読めた。

いずれにしても、この新しいメモリアルは、今後末長く、アメリカや世界各地からワシントンにやって来る観光客や学童や学生たちに歴史の教訓を与えるだろう。が、実はワシントンにはもう一つ、戦争中の日系人収容の事実を記念するものがある。モールの中心にある国立アメリカ歴史博物館（National Museum of American History）の日系人の収容施設の遺品や写真などの展示部門がそれである。そこには、収容所内の人々の生活ぶりや風景などの粗末なスケッチも展示されていて目を引く。この大きな歴史博物館のその部門は古くからあるのに、案外と一般に知られていない。

アメリカの中には確かに歴史、特にアメリカ以外の地域や国の歴史を知らない人が多いが、アメリカ史に詳しい人、特に人権問題に関する歴史に精通する人、市民として当然と考えられる権利の問題に多大の関心を持つ人、などの知識人もたいへん多い。そのような知識人たちにとって、戦争中ナチ・ドイツのユダヤ人の扱いやアメリカの日本人や日系アメリカ人の扱いは、近年までの黒人差別や移民問題などと同等のディスカッションの材料であり、格好の研究題目である。戦争から四十年五十年たった後でも、日本人および日系アメリカ人の収容の非合法性を論じた本が出ている。それからさらに突っ込んで、収容所内の世代による分裂、日本で教育を受けてアメリカの親の元に帰っていたキベイ（帰米）と呼ばれた若者たちとアメリカで教育を受けた二世青年たちの信条や言葉の差の問題から、ひいては両親の国と戦うアメリカへ忠誠を誓う組と戦うことを忌避する非忠誠組の対立から、収容所の管理に不満でストライキや暴力行使に訴えた事実など、いわば埋もれた歴史の詮索もある。逆に、収容所内の、不自由ながら安逸の生活にくつろぐ年配の日本人の描写もある。

日本人と日系アメリカ人が入れられた十カ所の収容所の中では、カリフォルニア州南部にあるマンザナー（**Manzanar**）収容所がいちばんよく知られている。文献によく出るし、ドキュメンタリーや実話小説のようなものも書かれている。『**Farewell to Manzanar**（さよなら!・マンザナー）』は映画にもなった。マンザナーで、被収容者側に収容者側のマワシモノとして働いている人があるという疑いが悪化して遂に暴動発砲事件となり、死亡者や負傷者が出たのである。三十五人が逮捕されたという記録がある。他の収容所に同様な問題がなかったわけではない。英語ができる人と日本語ができる人の間に隙間ができた。収容された者がアメリカへの忠誠宣誓書の質問にイエスと答えるかノーと答えるかという問題は特に深刻だった。イエスは親に逆らって親の国日本に刃向かうことを意味し、ノーはアメリカに非忠誠を宣言することだった。収容所内がイエス組とノー組に分かれて対立し、イエス組の青年約一万人がアメリカ軍人として戦争に加わった。徴兵を拒否してどこかへ再収容された青年が約千人いた。親子兄弟が裂かれ離れ離れにならないように泣いて訴え、祈念した母親もあった。

カリフォルニア州北部のツール・レーク（Tule Lake）は、非忠誠組のためのいわば隔離収容所であった。ツール・レークの日本人は、しかし、アメリカに一時の金儲けのつもりでやって来て、ずっと苦労していた昔かたぎの老人たちだったかもしれない。単に生来の日本人としてのプライドを保ちたいと思う血気盛んな壮年の人たちだったかもしれない。キベイと呼ばれた若者や、あるいは右翼的な考えの人たちもいたかもしれない。そこには、日本の勝利を期待する人もいて、老人たちの「即時帰国奉仕団」や若者たちの「報国青年団」や「報国女子団」などという日本名のグループがあった。この場合の「国」はもちろん日本である。子どもたちのためには茶道、生け花、書道から修身教室のようなものまであり、日章旗も飾ってあったという記述もある。

どのような信条を持ち、どこの収容所でどのようにふるまったにしろ、一九四五年の八月がきて、アメリカの勝利、日本の降伏となり、三年と何カ月いた収容所を出ることになったときの老若の日本人と日系アメリカ人の感慨はどのようなものであったろうか。もちろん、その時を待たずに亡くなった者も、また所内で生まれた赤ん坊もあった。およそ二千人のアメリカ籍の日系人を含む四千七百二十四人は、帰国者（Repatriate）または国外追放者（Expatriate）として日本へ送還された。五千七百六十六人の二世はアメリカ市民権を放棄していた。収容所を出ることになったときの日本人と日系アメリカ人の気持ちは想像に余りある。喜びも安堵も困惑も不安も怒りも無為感も希望もあったろう。中には収容所生活に慣れてしまって、当時好日的とも思えなかったアメリカ社会に復帰を試みるよりも、そのまま所内にとどまりたいと頑張る人もあったという。人間の本質に迫り、政治や社会の問題を採り分析する能力のある作家は、この稀な歴史事件の材料に面すれば想像に駆られ、創作熱を燃やすに違いない。たとえば、ケネディやニクソンを掘り下げた問題映画を作ったオリバー・ストーン（Oliver Stone）のような人など、創作の食指を動かさないだろうか。しかし、この日本人と日系アメリカ人たちの悲しみと栄光の季節から半世紀の時間は、まだ現在形のままだ。

日本人と日系アメリカ人の真新しいメモリアルに行って、わたしは入り口の名前にある**Patriotism**（愛国心、報国心）の語に気づき、円形広場の壁に刻まれた収容所の名前の列に、ツール・レークも**Tule Lake 18,798 California**として含まれているのを見た。そこに二万人近くの日本人が収容されていたわけだ。また、メモリアルの建設中に、収容所でCIAのスパイと疑われて嫌われたある日系人リーダーの言葉と名前を石に刻むことに反対した人々の記事を読んだが、完成した碑には彼の言葉も、名前も、石に刻まれているのを見た。宗教史の友人が、史論を疑え、歴史とは何かと常に問うべきだ、と言ったことを反芻せざるを得ない。

＊＊＊

カリフォルニア州には、ツール・レークやマンザナーに巡礼旅行する日系三世、四世、（五世もいるかもしれない）たちのグループがある。いわばルーツ探訪である。巡礼行事が始まった年、ある元被収容者、つまり収容所生活の生き残りとなったある日本人一世夫妻は、巡礼主催者となった孫息子の誘いに沈黙を行使して、旅行参加を拒否したという。のち一九九二年にめぐってきた収容所五十周年を記念する巡礼には、老一世はすでになく、他民族系のアメリカ人を含めた老若男女の参加者がおよそ千人あった。

マンザナーは収容所の跡だけになって、そこに記念碑が建っている。その記念碑は日本にごく普通にある縦長い四角な墓碑のような形の石で、それにつつましい漢字で、「慰霊塔」と彫ってあるだけだ。

日本語

アメリカに日本語がどれほど普及していますか、と聞かれることがあるが、簡単には答えにくい。英語などの外来語が数多く定着している先進の日本の状態にはとても及ばないが、とにかくアメリカには日本語がよく普及していますと言うことにしている。新聞の記事にはKaraokeとかKimonoというような日本語が使われるし、広告欄には時々「禅」とか「安」というような大きな漢字が出て目を引きつける。高校生の日本単語コンテストがあったという記事もある。テレビでは、日本語の商品名がふんだんに聞け、また日本人が日本語をちょっとしゃべるコマーシャルがあったりする。腕や首に漢字の刺青をしているバスケットボールの選手も登場する。フットボール競技場の塀には日本商品の名が広告されている。空港には漢字や仮名の案内があり、美術館に行くと日本語の館内案内のパンフレットがあり、貴金属店や鞄屋などには「日本語でどうぞ」と張り紙が出ている。中国料理や韓国料理の店には日本語のメニューがある。日本料理の名前はかなり英語として通じる。ハリウッドでは人気俳優が片言の日本語をしゃべる映画を作っている。そして、まさかと思わせるようなマーケットや商店で日本語の会話が聞こえてくる。先日も、大きな建物の中であるオフィスを探していたら、若い白人に日本語で「どこへ行きますか」と声を掛けられた。彼は某大学で二年間日本語を勉強したと言った。

アメリカの日本語は今だけのものではない。書かれた日本語も話された日本語も第二次世界大戦のずっと前からあった。書かれた日本語の中には文語文も日常文もあり、話された日本語には日本各地の方言も標準語もあった。第二次世界大戦以前の日本語は、しかし、主に日本人移民が住みついたハワイや太平洋岸に沿った各州の日本語学校や、日本語新聞や、日本人商店や日本人の家庭の中などのほかは、大学の図書館や研究室の隅などに限られていた。

戦争中には、日本語学校は閉まり、日本語新聞その他の日本文の出版物も止まった。日本語に精通していた少数の人たちは、軍部が各所に作った日本語学校に雇われて、要員を養成したのである。日系アメリカ人のうち日本で教育を受けていた人たちの中には、訓練を受けて南太平洋やアラスカなどの戦線で軍部の日本語の需要を満たした者もあった。情報スパイ関係の仕事はもちろん目に付かないが、目立たぬ所で日本語の情報はできるだけ活用され、今現在も活用されつつあるに違いない。

戦後には日本占領時代の翻訳や通訳の仕事があり、しばらくして軍の要職を離れた人たちが大学に帰って本格的な日本研究プログラムを発足させ、ヨーロッパ諸国語コースと同列に並ぶ日本語コースをつくっていった。一方では、収容キャンプを出た日本人や日系アメリカ人によって日本語学校が再開され、日本語新聞やその他の出版物が復活していた。そして一九五七年には、日本語は思いがけない所から急に一層重要な言語と認識され、教育援助を受けることになった。ソビエトロシアが人類最初の衛星を打ち上げてアメリカを驚かせ、アメリカは急きょ国防教育法を作り、ロシア語とともに日本語を最重要語と指定して教育援助を始めたのである。軍備の競争と、経済の競争がアメリカの日本研究態勢に一層の刺激を与え、また学生や一般人の意識の中にも日本語の必要性を喚起したことは強調してしすぎることがない。日本研究のプログラムを持つ大学の数は当初の十校くらいから、一九七〇年までには百三十五校に増え、日本語のコースを取る学生の数は総計三千人に達した。

ところで、そのころ新しく日本語のコースをつくった大学には適当な教科書のチョイスがなかった。長沼読本と呼ばれた古い日本の教科書を使った大学もあったが、ハーバード大学には『Elementary Japanese for College Students（大学生のための初級日本語）』という日本語教科書があった。それは日本学の草分け学者、セルゲ・エリセフ(Serge Elisseef＝ロシア生まれ、ベルリン大学、東京帝大、セント・ピータース大学、ソルボンヌ大学を経てハーバード大学教授）と後に駐日アメリカ大使を勤めたエドウィン・ライシャワー（Edwin O. Reischauer）がハーバードで共編したもので、戦争中の一九四四年に出版されていた。文学者と歴史学者の手になるこの日本語教科書は、言語を習うことはその国の文化そのものを習うことであるという理念に貫かれ、学生はすぐに古典文学や歴史や思想史の原資料からの抜粋例文に入っていくという読本であった。初級日本語といっても、実は日本研究の大学院生用のもので、後年多くの大学の低学年レベルで使われた実用会話重視の日本語教科書とは根本的に異なったものであった。

アメリカで日本語を外国語として教えるにあたって、このハーバードの方法が、日本人が実際に書いた歴史や文学の作品から入って日本の文化を学びながら言語の一般法則も理解していくという帰納的なアプローチとすれば、イエール大学で進んでいた方法は演繹的であった。イエールのアプローチは言語教育の方法論的で、英語で日本語の法則を説明しながら学生に発音しやすい独自のローマ字で書いた短文例を示し、例文のパターンを覚えさせ理解させ、それをだんだん複雑な法則と例文にしていく。日本語で書かれた新聞や雑誌の文章には、パターンや法則を理解してから入っていけるとする。このようにハーバードとイエールというアメリカ大学の両雄が、日本語の教授法でも対立していたのは面白い。

それから時がたち、世が変わり、日本語の現場社会での実用性、つまり会話力が強調され始めた。この現象は、日本の英語教育が文法中心でアメリカ人やイギリス人とのやりとりや取引に役に立たないと批判されたのと似ている。アメリカで日本語を習う学生の方でも、大学院の日本研究で長い時間をかけて論文を書いても、学界の就職戦線は飽和状態だし、運よく大学講師になってもその職は不安定なので、そんなことなら英語を必要とする日本の企業や、日本語の知識が役立つアメリカの官庁や会社に就職して重宝されるほうがましだという風潮になったのである。履歴書に箔をつける意味で日本語を一般教養の必須言語科目として取る学生も増えた。その時点で、ハーバード大学は『日本現代文読本 Modern Japanese: A Basic Reader』という新しい日本語教科書を作った。編者はケンブリッジ大学からハーバードへ来ていた板坂元とハーバードの日本文学教授のハワード・ヒベット（Howard Hibbett）で、出版は一九六五年のことであった。この二人ともに専門は近世文学だったが、教科書は日本現代文読本と規定して近世も古典文も入れず、明治から昭和にかけての文学、歴史、思想史などの代表作をえり抜いて配列した。その編纂理念はエリセフとライシャワーのものと同じで、言葉を習うことによって歴史や文化を知るという態度であった。

一九七〇年代、わたしは日本語のコースにその新教科書を使った。鴎外や漱石や荷風のような文学者が書いた文の抜粋からなる章を終える度に現代日本文学史の概略が分かるようで実用的だった。熱心な学生は学習二年か三年目には日本文を書けるようにもなった。そんな学生の自由作文の一例を挙げてみる。クラスは宮沢賢治の「雨ニモマケズ」の章を終えたところであった。片仮名がなじめないと不平を言う学生もいたが、賢治の詩はいつも人気が良かった。

日本語ニモマケズ

図書館ノ蔭ノ
小サナ安イアパートメントニイテ
東ニワカラナイ友達ガアレバ
行ッテ教エテヤリ
西ニ困ッタ学生ガイレバ
辞書ヲカシテヤリ
南ニ落第シソーナ人アレバ
図書館ニ行ッテモット勉強シナサイトイイ

北ニロシア語ガアレバ
ツマラナイカラヤメロトイイ
月曜日ニハ涙ヲナガスガ
試験ノトキハ元気ニ歩キ
ミンナニ秀才トヨバレ
日本語ガデキル
ソウイウモノニ
ワタシハナリタイ

それからまた時が過ぎる。日本は国民総生産の世界ランキングで急速に順位を上げ、四位から三位へ、三位から二位になった。日本製品がアメリカにあふれ、それまで聞き慣れなかった日本の会社の名前が通常の英語の単語のようになり、人々の口に上った。ちょうど大学も拡大や構造改革に面していたころで、ランゲージ・ラボ（言語実験実習室）が録音器械やテープを充実させるとともに、語学教師や技術者を増やした。言語学や教育方法論の専門家の数が増えて活動が目立つようになり、日本語をどのように教えるのが一番有効で実用に役立つかという教育方法論の専門家が輩出した。論にはいろいろの流派があったらしいが、特に強力な一派は話す言葉を一次言語とし、書かれた言語を二次言語（Secondary Language）と呼んで、日本語教育には学生が読めて簡単に発音できるイエール大学式のローマ字を使ってオラル（話すこと）の訓練を強調した。

わたしはそのころオハイオ州の大学で日本文学を教えていたが、会話学院ならぬ総合大学での日本語教育にオラル方式を偏重することに疑義があったので、語学の専門家に聞いてみた。彼の説明は、オラルの強調はアメリカにすでに受け入れられているSusuki Method（鈴木式バイオリン教法）に似ていて、学生がまず音を覚えて話せるようになれば読み書きの能力は後で容易にできてくるというものだった。わたしは、その説明はある横文字の言語の国民が他のある横文字の言語を習うときにだけに言えることではないかと思った。横文字の言語を母国語とする人は、他の言語の音を聞いて意味が分かることがあるし、それを読んだりつづったりできることがある。横文字の言語の人が日本語を習うときには、音とその意味を知っていても字の形を知らなければ読むことも書くこともできない。

後年、わたしは新理論派の日本語教育法の専門家たちに見捨てられた『日本現代文読本Modern Japanese: A Basic Reader』を非常にもったいないと思った。たとえば、他大学でその教科書を使って日本語を勉強してきた学生が文学のコースにきて、ローマ字の人工模範文の教科書で勉強してきた学生ではとてもできないようなディスカッションをすることがあった。その学生は漱石とか鴎外がこんなことを書いているのを日本語の教科書で読んだがと披歴して論議するのである。そんなことがあってからわたしは、ローマ字は日本語でも英語でもないのだから、なぜ『日本現代文読本』に戻るか、または平仮名に漢字を交えた本当の日本の文から教えないのか、と声を上げたことがあった。しかし、日本現代文を教えた体験を持ってしただけでは、教育方法論に身を固めた日本語教育の若い専門家たちと議論がかみ合わなかった。

一九八〇年代までにはアメリカへの日本の企業の進出が進み、日本人滞在者が増えていた。ある日、ローマ字で日本名のなんとかShotenという看板を上げた店が見えたので、わたしはとうとう日本書籍の「書店」ができたかと喜んだ。行ってみると、それは日本食品を売る「商店」だった。同様な間違いは日本のKodoという太鼓楽団が来訪したときにも起こった。わたしはKodoを「鼓道」と思い違えて、太鼓を叩く訓練も茶道や剣道のような自分を磨く道なのだろうと悟った気でいた。そして、学生にもそう話した。本当のKodoはもちろん「鼓童」である。そんな笑い話のような実話を来訪したある中世和歌集の専門家に聞かせたときには、彼は笑わず、日本語教育にローマ字を使う風潮に異議を唱え、日本研究の分野内では語学は補助学にすぎないのにとさえ主張した。彼の大学の大学院レベルの文学コースでは、学生があらかじめ古典と現代文両方の完全な読解力を持っていることを要求するという。当然だと思った。

しかし世は不思議な波に乗っていたようで、アメリカの大学での日本語教育はひところのハーバード様式がすたれ、すぐ発音できるローマ字様式が盛んになっていった。いつかわたしがオフィスを探しているとき日本語で話しかけてきた青年は、そんな様式の授業を受けたのだろう。発音はきれいだったが、日本語は読めないと言っていた。彼はどんな仕事に就いていただろうか、しっかりした日本女性をワイフにしてでもいたろうかと考えた。

日本語は大学以下の小、中、高校でも教えられている。それは、五十年前に大学院から始まった日本語の勉強がフレッシュマンから始めなければ駄目ということになったように、語学はできるだけ年少からが効果的という知識が再燃し、日本語は大学から始めたのでは遅い、中学、高校から始めるべきだということになったからである。一九八〇年代の終わりまでにはアジア学会の日本語教師会や大学の日本研究プログラムなどがアウトリーチ・プログラム（草分け運動）をつくって、日本語教育運動を下層に伸ばしていった。運動家たちの努力によって、州や地方によって差はあるが、日本語を教える高校や中学が増えていったのである。

アメリカ現代語学会（Modern Language Association of America）の一九九〇年から一九九五年をカバーする統計によると、国防教育法の援助によって増えていたロシア語を勉強する大学生の数が四十四パーセントも減った。その理由は、一九九一年のソビエトロシア崩壊の結果、ロシア語の必要度が減ったと判断されたことにある。同期間中の日本語学生はといえば、二パーセントほど減ったにすぎなかった。が、反面アラビア語は二十八パーセント増、中国語は三十六パーセント増加した。アメリカでは（日本でも？）、語学の勉強はその言葉を使う文学や哲学などよりも世界情勢や、語学習得者の直接の利害に結びついている。

アメリカの高校生の日本語のためにはジャパン・ボウル（Japan Bowl）というコンテストができている。その第九回目が二〇〇〇年四月にワシントンで開かれ、全国二十二州から五十一校が参加した。ワシントン地区（ワシントン市内と、バージニア州北部と、メリーランド州の南部一帯）からの参加が一番多く、十校あった。ふだん家庭で日本語を使う人や日本に住んだことのある人などは参加資格がなかったが、日系アメリカ人や中国やフィリピンなどアジア諸国系の学生が参加者の大部分を占め、総計はおよそ四百人になった。このコンテストには四級のレベルがあって、各級とも口頭と筆記両部門のテストがある。口頭部門でも日本歴史や文化についての質問が出る。また「わたしの兄は日産に勤めている」とか「あなたは京都に住んだことがありますか」という意味の文章を英語で聞かせて、それらをすぐ日本語で言わせる問題もある。筆記テストの部はいわゆる読み書きで、このジャパン・ボウルはただの口先だけのスピーチ競技ではない。ワシントンでのコンテストの終わりに勝敗を決めたのは、ある日本文を読む時に「アマゾン川」という語を「アマゾンカワ」と発音したか「アマゾンガワ」と発音したかという微小な差だった。主催者のワシントン日米協会（Japan-America Society of Washington）は、最上級レベルで一等になったハワイからの三人組チームに日本旅行を贈った。

日米協会は日本とアメリカの政府や財界などの有力者を中心として結成された親善機関で、ニューヨークのは一九〇七年以来の歴史を持っているが、ワシントンのは一九五七年の結成である。他の都市にもある。日本とアメリカの多様なトピックについて、ハイレベルの講演や研究会を開き、場所によっては日本語学校も運営している。ワシントンの日本語学校の例だと、授業は毎週夜一時間半だけだが、クラスは八人以下と少数集中主義である。初級、中級、上級とあり、平仮名から始めて片仮名を含め、文法の要点を押さえながら漢字へと、日本語を使ってコースを進めていく。

日本語の学校やコンテストは日米協会のもの以外にもいろいろあるが、たぶん国際交流基金のやっているのが一番しっかりしている。国際交流基金の仕事は多岐で、また全世界に広がっているので、アメリカの日本語コンテストまたは能力試験だけを取り上げることは基金の仕事のほんの小さい一部を見るにすぎない、と前置きしておいて、ちょうど前記のジャパン・ボウルの前年にあった同基金の日本語能力テスト（Japanese Language Proficiency Test）に関する具体的な数字を挙げてみる。ただちにその規模の大きさが分かるだろう。それは世界三十三の国ないし地域に散った七十七の都市で施行された。アメリカ地区はロサンゼルス、シカゴ、ニューヨークの三都市で、全レベルの申し込み者は合わせて六百三十四人、そのうち実際にテストを受けた人は五百三十八人であった。レベルは日米協会のコンテストと同じように四レベルある。テストの内容もやり方も日米協会のものと同じようだが、もっと読み書きに比重がある。語彙だけでなく文法があり、解読テストがあるので、読む力が強くなければならない。

五百人以上というアメリカのテスト参加者は多い感じがするが、それをたとえば中国の十三都市、受験者実数三万四千三十人に比べれば大変少ないことが分かる。南米ブラジルでも、七都市、受験者実数三千四十三人と、アメリカの六倍の盛況だった。

このことは何を物語るだろうか。中国人は漢字の国民だから、漢字を使った日本語を学習するのは格別やさしいはずとも考えられるが、言語学の見地からすれば、中国人にとって日本語は完全な外国語である。中国語の構文はむしろ英語のようで、文法も、漢字も、その読み方も、まったく日本語と違う。多量の受験者の数は中国人の向学心、伝統的な試験制度への依存、中国の日本との盛んな貿易、中国の政治と人口問題などの表れだろうと思う。反対に、アメリカの比較的に少ない受験者数には、どうもむかしから根にあるアメリカ英語の優越感と、近年つとに目立つようになった向学心の低下が反映しているようだ。

しかし、英語を話す人間にとって日本語はロシア語の六倍とか九倍とかも難しいという説がある。ロシア語そのものがスペイン語などより何倍も難しいのにと言う。が、それは何に基づいた比較なのか。大雑把にいって、横書きの英語などを母国語とする人がある同じようなアルファベットを使う外国語を聞いたとき、一部でも意味が分かることがあるし、見ればある程度読めることがある。また、英語の構文をなぞってその国の単語を並べると、発音はまずくても意志が通じることがあるではないか。漢字と仮名交じりで縦書きにする日本語を相手としては、とてもそんなことは起こり得ない。それで日本語を習うのは難しいとは言えるが、ユニークな言語系に属している日本語は、音だけが共通要素である音楽のための鈴木バイオリン教法では習えないわけで、発音を覚えても同時にその字を覚えない限り、読みも書きもできないことに注意したい。英語を母国語とする人間にとって、日本語は大方の印欧語より難しかろうが、読み、書き、聞き、話すをカバーすればできるようになる。

あるとき、本屋で『Japanese Everyday（毎日の日本語）』という一日に一枚ずつめくるようになった卓上カレンダーを見つけた。毎朝日にちを確かめるついでに古今東西の名言を一つ読むというアイデアの物と同じで、めくるたびに日本語が一語覚えられるようになっている。責任編集者の名前はなかったが、カリフォルニア州のある出版社の製品である。その一ページにこんなのがあった。

「Nichiyoubi Sunday /Doramu Drum /Senkyuuhyaku-kyuujuu-kyuu-nen Shigatsu Jugonichi April 15,1999」つまり、今日は一九九九年の四月十五日日曜日、覚えるべき日本語新単語は「Doramu」で、それは英語でいう「Drum」のことである、という意味である。ちょっとおかしいと思ったが、このページは例外に属するものであったらしく、大部分は「Getsuyoubi Monday / Hon Book」のようになっている。日本語を習うにしては読み書き聞き話すの言語の四つの機能のうちのほんの一部の助けにしかならないが、このカレンダーはご愛敬であり、日本語のアメリカ浸透の一例になる。

ところで、わたしはワシントンにある、ある中華料理店がデザートに出すフォーチュン・クッキー（おみくじ入り巻煎餅）に感心している。煎餅に入っている占いの紙片の一面が中国語のレッスンになっているのだ。そこに、まず英語の単語または短い言葉があり、それに相応するローマ字化した中国語音ばかりでなく、漢字表現があるのだ。「Moon / Yue-liang / 月亮」とか「Best wishes / Yi-qie shun-li/一切順利」のように。煎餅の中の紙切れをもって中国人の中国語普及の努力の表れというのは言いすぎにしても、このやり方を前節の日本語用のカレンダーのやりかたと比べられたい。漢字が印刷されている紙片の裏面（表面？）に、当たり障りない運勢と宝くじに当たるかもしれない番号が印刷してある。むかしはたいてい孔子の言葉が印刷してあってレストランが少し儒教を広めていたが、今は少しでも中国の貿易に役立つようにと現代中国語を教え、またアメリカの夢が続くようにと、当たりそうな宝くじ番号を教えていると解釈できる。

ワシントン地区に日本語を教える公立普通校が比較的多いのは、ワシントンが政治の中心都市であるからということである程度納得できるが、理由としてはどうも漠然としている。その陰には日米協会などの大きな力もあろうが、わたしはワシントンに隣接するメリーランド州南部とバージニア州北部に集中したテクノロジー産業と急増した流入移民に関係があるとみている。教育と経済レベルの高い技術産業地域では、科学と技術科目に重点を置く特別な高校をつくり、入学が難しい有名大学への高い進学率を誇っていた。一方、スペイン語を話す子どもたちが大勢公立普通校にやって来たので、人々は教育の機会均等と教育レベルの向上を旗印に立てて、学校では英語とスペイン語のバイリンガル（二カ国語同時の）授業をすべきだとやかましく論議した。その他の言語を家庭語とする人たちは、スペイン語ばかり助けるのは不公平と声を上げた。政治の中心のワシントン地区の人たちは人間の平等な扱いにまず関心を持って、だれもバイリンガル授業（自国語とある外国語を対等として同時に習う：その際何語をもって自国語とするかが問題である）とセカンド・ランゲージ授業（自国語を基として他国語を第二番目の言語として教える）という、そこに住む人間としての形成に重要な差をつける二つの教育方法の区別を問題としなかった。それはたぶん二つ三つの異なる言語を日常使う国から来たアメリカ人が大勢いるからだろう。政治家は教育の機会均等と平等をうたい、教育強化といえば予算を投入した。このような背景が外国語のイマージョン・プログラム（Immersion program＝習っている外国語ばかりを使って他の科目も習うプログラム）という大胆なプログラムの導入を促進した、とわたしは思っている。日本語はそのプログラムの一部であった。それで、ワシントン地区には小学校から日本語のイマージョン・プログラムをやっている所があるのだ。

二〇〇〇年のジャパン・ボウルを報じた新聞記事は、バージニア州北部に住む小学二年生の子どもが学校の一日を半分に分け、ランゲージ・アートや社会は英語で、数学と保健のような残りの科目を全部日本語で習っていたことを母親が知らなくて驚いたという一九八九年の出来事に触れていた。学校がそのような冒険的な教育方法を母親に知らせていなかったはずはないので、母親が学校からの英文の知らせに気づかなかったか読めなかったかのケースであろう。英語のできる父親のいない家庭だったのか、生徒と親は学校の出来事を話し合わないような家庭だったのか。アメリカの社会や教育一般の諸問題に思いがのびるが、とにかく、その出来事のほぼ十年後の今では、ワシントン地区に日本語を含めるイマージョン・プログラムを持つ小・中・高校が三十近くできている。ジャパン・ボウルへの参加者が多くてしかも好成績だったことがうなずける。

明治時代に二葉亭四迷がロシア語をマスターしたのも東京外国語学校のイマージョン・プログラムに拠ったのだったが、それは当時の外国語学校という専科大学の環境と明治青年の向学心というコンビネーションがあって効果を増した。日本語を語学の一つとして教えるアメリカの総合大学が向学心に燃えない学生を対象として実行できるプログラムではない。そこで、わたしの尊敬する学者は夏休みの間中、優秀な学生を全国からニューイングランド地方の大学のキャンパスに集め、助手を指導して成功裏に日本語イマージョン・プログラムを実施している。

日本語のできるエリートは確かにアメリカに生まれている。

俳句

「Life is short : Autobiography as Haiku」というコラムがワシントン・ポスト紙に毎週一回出る。「人生短し：わが生涯の俳句」というくらいの意味で、Haikuが二十一世紀のアメリカの日常に現れている一つの例である。しかし、内容は実は俳句ではなくて、散文のオートバイオグラフィー、つまり自伝である。これは新聞読者のだれでも百語以内に自伝を書いて、採用されれば稿料百ドルを受け取ることができるというものである。選評は一切付かない。

ここで、急いで注を付けるが、アメリカの中の俳句や華道や柔術のような日本的なものについて考えるとき、アメリカには結社とか家元のコンセプトも実体もなく（音楽やバレエなどにはあるようだが……）、一般に師弟関係のあり方さえ日本のようでないことを頭に置いておく必要がある。その道の大先生がまだ生まれていないこともあろうが、弟子にあたる人間の方に独立自営心を重んじるという強い態度がある。師事という考えに弱い。良きにしろ悪しきにしろ、平等主義の行きわたった国である。プライバシーの問題もある。もしワシントン・ポスト紙が先生をたてて個人の作を公共の場で他作と比べて評したり、一位の作に二十五ドルしか払わないとすれば、このコラムが続くかどうか疑わしい。

日本の新聞には連載小説や詩の欄があり、それが作家の作品を発表する一つの場となっているし、また読者の中にもものを書く人が多いので、新聞はポピュラーな文芸投稿の場となっている。アメリカの新聞では普通そんなことはなく、ワシントン・ポスト紙のHaiku 欄のような文学的な啓蒙サービスは極めてまれである。一流新聞でも読者を他のメディアに取られるので、電話やちらしで新規購読案内をしなければならない現今のこと、ワシントン・ポスト紙でも読者を引きつける苦肉の策としてHaikuと百ドルの金をおとりに使い始めたのかと勘繰られるほどだ。

選ばれた作を読んでみると、散文だから思考は冗長だし、だいたいほとんどの人が百語以内という唯一の規約を守っていないことに気づく。が、中には生涯の一事や一時期を短くまとめようとしている努力が見えるものがあり、その点だけから言えば一般アメリカ人的でなく俳人的である。自然の季節感はないが、人生の季節感を出しているものがある。今日という日の今の利益だけに関心があるアメリカ人に自分の生涯を省みさせたり、何でもなさそうな出来事に人生の意味やユーモア（俳句の「かるみ」？）を見いださせたりしているものもあって、コラムの題に「Haiku」の語が入っている限り、これは俳句のアメリカ文化への貢献の一つと数えてよい。読み書きに弱いアメリカ人が増えていると一部に憂えられている昨今、このHaikuがアメリカ人に少しでもものを読んだり書いたりする習慣を育てさせるためならめでたいことだ。

ところで、この投稿欄には、選ばれた自伝の作者が自分で選んだらしいポートレート写真が載るというおまけがつく。彼らの「自伝」によるとどうも未婚の人や独身の子持ちの人が多いようなので、このHaiku欄にはあえて俳句的とは言えないある宣伝効用があるのかもしれない。この面白い企画はだれの思いつきなのか、まただれがどのように選をするのか知らない。ワシントン・ポスト紙は政治経済社会面に強く文芸欄は弱いのだが、別に大変良い書評のタブロイド付録があり、そこに日本名の編集者がいるので、あるいはその人が責任を持ってやっている仕事かと推察している。

俳句のようなものに、わたしの娘が小学校のときにランゲージ・アート（Language Art）のクラスで書いたハイク・ポエム（Haiku Poem）という三行詩がある。俳句について娘が学校でどれだけの解説を受けたかわからないのだが、彼女は蛙という動物は絵や話の本でしか知らなかったはずなのに、褒められたという二つのハイク・ポエムはどちらも蛙を扱っていた。アメリカの小学校で国語に相当する英語の時間に芭蕉の紹介があり、「古池や」の例が引かれたことはほぼ間違いないことであった。わたしは結構なことだと思ったのだが、ちょっとひっかかったのは俳句は日本語の十七音節（syllables）でなく十七語（words）で書くと教わったらしいことであった。しかし、考えてみると、日本語と英語の言語学的な違いの説明など大学生にも難しいのに、ましてや小学生にはもっと難しかろう。十七語のハイク・ポエムを書くことで日本のことを少しでも知り、詩が好きになり、その作品が俳句のようになっていたらめでたいし、俳句になっていなくても正しい英文になっていたらよいのではないかと結論した。

確かに、小学校でハイク・ポエムを書かせるということは、英語教育上の一種の技術であって、俳句や日本文学を紹介することは第二第三の目的だっただろう。短い文章を考えて三行に書かせるだけでも作文の演習になる。そして、俳句には英語の童謡のような韻律がないと教えれば、音節や韻のコンセプトをよりよく分からせることにもなる。大学でさえ日本文学のコースは難航しており、日本詩のコースなどまだないころに、小学校の教師はよくやっていると思った。およそ三十年も前の、娘がハイク・ポエムを見せたときの感想をわたしはこのように覚えている。そのころ、威張った学界の外では、イマジズムやビートの思想にかぶれたり恩恵を受けたりした俳句の愛好家が活躍、あるいは横の連絡などをつくって、初等教育界に浸透していたのに違いない。

小学校で**Haiku**を英語の三行に書かせたと述べたが、アメリカの**Haiku**のフォームは三行に定着しているわけではない。むかし西欧で俳句をエピグラム（寸鉄詩）のようだと理解していたころは二行が普通であったし、また三行書きもあった。十九世紀の末にアストン（**William George Aston**）が書いた英文最初の日本文学史では三行書きであった。俳句研究が進んでからの翻訳は三行形にするのが多くなったが、俳句などの日本の古典詩には行分けの習慣がないのだから、その翻訳も一行ですべきだと主張する翻訳家もある。一九七四年にコール・ヴァン・デン・フーウェル（**Cor van den Heuvel**）が出版したアメリカ人とカナダ人による英語Haiku選集『The Haiku Anthology』をのぞいてみると、四行書きがあり、三行書きも多いが、全部で三語、音節は五つだけしかない小型コンクリート・ポエム（行分けを工夫して、外形が何かの形や飾りになるように書いた詩）のようなものが選ばれている。

ヴァン・デン・フーウェルの俳句選集に入っている詩人三十八人のうちの一人ケネス・ヤスダ

（Kenneth Yasuda）は、実はアメリカ俳句の創設者と目されるべき人である。彼は東京大学の文学博士号を所持し、インディアナ大学の日本文学教授である。彼が一九五七年に出版した『The Japanese Haiku』は、エミー・ロウエルやエズラ・パウンドなどの詩に親しい知的レベルの人たちを対象にして、俳句の美的本質と俳句の骨格構成や翻訳の問題などを論じて解説した本格書であった。ヤスダの俳句は英語による五七五調ともいえる、リズム正しい三行書きに作られている。

ヤスダの本の出版と関係があったかどうか、翌一九五八年に日本学術振興会は『Haikai and Haiku』という本を出した。それは日本の日本文学の権威が歴代の俳人と俳句を紹介し、「さび」や「しぶみ」のような難しい日本文学の美意識を解説したものであった。日本語による原文をイギリス人に英訳させたその本では、俳句はローマ字化されて一行書きで、俳句の訳は三行書きになっている。

わたしのいた州の大学では、俳句はおろか日本の詩だけのコースなどとても作れなかったので、俳句は低学年用の日本文学概論のコースで扱った。教科書として使える便利な英訳日本文学作品選集があり、それにかなりの数の俳句が入っていた。『The Japanese Haiku』や『Haikai and Haiku』は参考図書としてコースのシラバス（授業予定表。コース内容を週ごと、日ごとに細かに刻んで学期初めに学生に渡しておく予定表。もちろん必読文献や参考図書のリストも含めてある。）に挙げておいた。すると熱心な学生が別の訳者の英訳俳句をいろいろと教室に持ち込んで質問の材料とすることがあった。そんなときにはクラスのディスカッションが大学院のセミナーのようになり、面白いと言う学生もいたが、勉強を便宜的なやむを得ない義務と考える学生は、一つのHaikuなるものにばかり授業時間をかけて、コースがシラバスにそぐわぬと不平を言った。わたしは自分のシラバスはコース進行のだいたいの目安と解釈していたが、州の大学はそれを大学と学生に対する教官の契約書であるかのように扱った。

日本文学のコースの難航とはこのようなことだった。俳句や現代詩のような日本の「言葉の粋」を読んで楽しむことが難しい時代になっていた。日本が大股で進歩したためか、大学の施政者たちは、知らない国から新知識を比較吟味して吸収するという大学本来の考えから逸脱して、知らないうちに経済大国になった日本から直接利益恩恵を得たいというさもしい態度になっていた。大学当局も学生も、日本文学のコースよりも日本の会社経営法や社交の風俗を習うことを、俳句よりも日本語日常会話、特にビジネス・ジャパニーズと呼ぶ日本語を習うことを良しとした。

有名な俳句はいろいろな翻訳者によって様々に訳されているので、英語を母国語とする学生には一句が何句にも読める。言葉が違えば別の詩になるからだ。そして、英詩として良いと思われる訳が原句から離れている場合が出てくる。たとえば、芭蕉の「古池や」の訳はたいていAncient（古代の、大変古い）かOldという形容詞で始まるが、原句の「古池」ははたしてどのくらい古いのか。ある訳者がいうようにそこには本当に苔がむしているのか。また、たいていの翻訳者は蛙が一匹しかいないように訳しているが、中には蛙を複数にしたのがある。「池」は静かだったのかにぎやかだったのか。原句を読んで来る日本語専攻の学生と、日本語を知らない学生の意見は食い違う。句読点一つ取ってみても、「水の音」という句の終わりは余韻を残した「……」なのか、驚きか感嘆をこめた「！」なのか、などと翻訳で読む文学への疑問には限りがない。

たまたま、テキサス大学で出ていた『Translation Review（翻訳批評）』という雑誌が日本文学の特集のために現代詩の英訳について書いてくれというので、俳句の英訳を読む問題について書いた。そのとき改めて芭蕉の「古池」の英訳を集めてみたら、三十二種類のそれぞれ違う訳が見つかった。ある多作の学者の二つの文中に見つけた「古池や」の訳は同じではなかった。一人の人間の作品の読みはときどきに変わっていくものだということが納得でき、芭蕉の「不易流行」とはこのことかと思った。わたしの文が載った雑誌が出版されてから、小説の翻訳者としても高名なハワイ大学の知人が、自分の「古池」訳を新種として加えて欲しいと一つ送ってきた。また、当時ニューヨークの文学村グリニッチに住んでいた高名な日本現代詩の翻訳家は、自分は百種の別訳を集めていると手紙をくれた。

わたしは日本文学のどのレベルのコースでも、学生に一応ドナルド・キーン（Donald Keene）一九五五年刊の『Japanese Literature : an Introduction for Western Readers（西欧読者のための日本文学案内）』を読了しているように勧めた。小さいが名著である。その本の序の口で「奥の細道」を引いて読者をただちに芭蕉の芸術に導くところは魅力だが、詩の章で俳句がなぜ西欧の読者に分かりにくいかを分かるように説明するところがすばらしい。抽出したり、まとめたりすることができないエッセンスばかりの本なのだが、俳句については、まず何か永遠に変わらない詩の部があり、そこに何か瞬間的な詩の動の部が現れて、両者が合うところに詩の真実が生まれると説明する個所がある。学生はなるほどと納得してそれをあらゆる俳句の分析、解読に応用しようとする。が、詩人の省略的な、間接的な、読者の観入を求めるような表現にあうと、その理解法が当てはまらぬことがあって、そんな俳句のどこが良いのかと戸惑う次第だった。

教室で俳句鑑賞に議論が湧き、コースが鈍行する理由は、一句に対する複数の翻訳の存在や、わたしの説明の不足や、学生のイマジネーションや詩心の欠如などばかりではなかった。いうなれば文化の差がある。英語の学生は、五・七・五調より童謡でなじんだような韻律口調の方が詩的だと思っている。また、俳句ならぬ寸鉄的な、禅の**Koan**（公案）のような散文の謎のような文が面白いと思っている。そのうえ、蛙でも、烏でも、蝉でも、五位鷺でも、秋でも、冬でも、風でも、雨でも、その他日常一般の事物が喚起するイメージが違うのだ。蛙は見たことがあるが、烏はポーの詩で読んだだけだという者がいる。アメリカで俳句を考えると、芸術の普遍性とは何かと考えることになる。

ある年、そんなコースに一人の日本人留学生が登録した。わたしの日本文学概論などは日本の高校を出て来ていれば復習くらいなものではないかと言ってやると、本人は英語による日本の物語の復習も有用だし、英訳された俳句を読むのは特にためになるからと答えた。なぜかと聞いてみると、その学生はコマーシャル・アートが専攻で、卒業後アメリカの広告宣伝会社で働く希望がかなえば、その時英訳された俳句を宣伝文句の作成に役立てたいと答えた。

それからずっと後、テレビ視聴率最高といわれるプロ・フットボールの王者決定戦で、スポンサーの大どころ会社や企業が新しいコマーシャルを披露してその人気投票を募り、あるビール会社の作品が一位になったことがあった。そのコマーシャルは蛙が数匹沼のような池で何か断続的にうなるもので、わたしにはなぜそれがビールの宣伝で一位になったのか分からなかった。なにしろその蛙たちといえば、大きなガマのように醜悪で、芭蕉記念館にある軸絵のやせ蛙を連想させるものでは到底なかったからだ。だが、ある日突然なるほどと思った。蛙どもはビールの名前を三つに分けて、それがつながるように次々とうなっていたのだ。「悟り」は英語でも突然くるものだ。一位になったそのコマーシャルは、俳句の知識をアメリカの広告宣伝会社で役立てたいと、英語の俳句の講義を聞きに来たあの日本青年の製作ではないか、とわたしはひそかに空想した。

悟りといえば禅だが、アメリカには特にその禅とHaikuを結びつけて理解している人が多い。イギリスとアメリカでZenといえばDaisetzで、Daisetzとは鈴木大拙のことである。彼の『Zen and Japanese Culture（禅と日本文化）』がプリンストン大学出版局から出たのは一九五八年になってからだったが、彼はそれより半世紀くらい前すでにアメリカに住んでいたので、英文による仏教や禅に関する論文が多数あった。彼は芭蕉と古池の句を論じながら俳句をほとんどイコール禅としていた。

その大拙の論を受けて俳句を理解していたイギリス人のブライス（R.H.Blyth）は学習院大学で教鞭を執っていたが、彼が一九四九年から一九五二年にかけて北星堂から出版した『Haiku』四巻は、第二次世界大戦後まもなくの日本からアメリカへの輸出品の重要品目となった。四巻というボリュームが示すように、その本には感心するくらいたくさんの俳句の原句と、そのローマ字と翻訳と解説が入っていて、それが大学図書館だけでなく、全国の数多くの公共図書館や学校図書館に納入された。話がこんがらがり、前後したり飛躍したりするようであるが、そんなところから、俳句が一九五〇年代のサンフランシスコのビート族に受け入れられ、彼らがHaikuをアメリカに広げていくという過程が描けると思う。ビート族は何よりも反体制、反アカデミズムだったから、大学の教育者らが及ばないアメリカの皮層にHaikuは延びていった。

ビート族には、周知のように、シュナイダー（Gary Snyder）や、ギンズバーグ（Allen Ginsberg）やレキソロス（Kenneth Rexroth）のような、後いろいろな日本詩の翻訳を出版することになるタレント詩人がいた。彼らは自分たちの属する西欧よりも、何かと対照的な東洋、特に仏教思想に興味をわかせていた。ちなみに、すでに小説家として出発していたケロアック（Jack Kerouac）の『Dharma Bums（ぐれ達磨）』という一九五八年の小説を開くと、主人公がシュナイダーとおぼしい仏教かぶれの友人と粗末な装備で危ない登山を試みながら、禅や俳句を語っているシーンがある。そこに鈴木大拙の名前が出る。正岡子規も話題に上り、はては自分たちで句作のようなことをしている。この小説はビートの代表作として広く読まれたので、ケロアックを通じて多数の読者がHaikuを知り、俳句に興味を抱いたに違いない。

ギンズバーグは『Howl（吠えろ）』という長詩で一世を風靡したセンセーショナルな人で、文壇にかなりの影響力を持っていた。（たとえば吉増剛造なども影響を受けた、とわたしは思っている。）彼の俳句についての発言はHaiku 愛好家にあがめられたのだが、一九七〇年ごろの彼の俳句構造とエッセンスの説明は、Sunyatoという珍しい言葉を使って禅化を試みたものだ。が、それは基本的には、わたしは前述したキーンの西欧人への日本文学紹介の受け売りではないかと思っている。ギンズバーグのいうSunyatoは梵語で、「至福の空白」を意味する。その影響で、詩を書くわたしの知人はいつも髭面で「Be blank（空白であれ）」を口癖にしたが、とてもギンズバーグほど有名にならなかった。その知人が好きであったシュナイダーは、その後（俳句を求めて?）実際に日本に行き、配偶者を見つけて宮沢賢治の詩を訳した。彼は仏教へ深入りしたが、俳句には進まなかった。詩人レキソロスは英文学者で詩人の渥美育子と力を合わせ、日本詩歌の訳を出版した。ケロアックは一九六九年に死んだ。

その三年後の一九七二年にニュー・メキシコ大学のブラウアー（Gary L. Brower）が編纂した『Haiku in Western Languages（西欧語の俳句）』という題の書誌を見ると、そのころまでに俳句がどれほど研究され、英語やその他の言語で実作されたかが概観できる。わたしはこの本のために『World Literature Today（今日の世界文学）』誌に書評を書いたが、このブラウアーの労作はあまり世に知られていない。ブラウアーはこの書誌に、単行本になった英語のオリジナルHaiku作品集を二十三冊記録しているが、そのほとんどがケロアックらのビート詩人が活躍した一九六〇年代の出版日付けである。また、研究書の部門には、ブライスやヤスダの本を含めて二十二冊がリストしてある。このあたりがアメリカの俳句の受容の一つの山だった。

それから歳月が過ぎた。ブライスや、ヴァン・デン・フーウェルや、ヤスダ等のような俳句に関する大作は少なくなったが、たとえば講談社が出した『The Haiku Handbook』というハウツー本は、教師も生徒も使えるもので、Haikuという言葉をアメリカでますます日常語にした。インターネットには、アメリカの俳句について研究著作のある佐藤和夫（早稲田大学英文学科教授で俳人）がパトリシア ダネガン（Patricia Donegan＝ハワイ大学言語学科教授で俳句の翻訳研究家）と協力して、「A Guide for Teaching Haiku（俳句教授法ガイド）」というサイトを作って便宜を図っている。小学校や中学校では、わたしの娘が習ったよりもっと歴史的に、詩の勉強のために、日本の詩の一つのフォームを知るために、英語強化の方法として、俳句を習っているようにみえる。（その細部を知りたいが、アメリカの学校教科書はわたしのような部外の研究者が調べることができないような仕組みになっていて、残念である。）一方、いろいろなHaikuの雑誌は続いて出ているので、一般の句作活動は盛んで多岐にわたっている。ただし、インターネットに飛び込んでくる自称Haikuの中には俳句より川柳に近いのが多い。トピックが政治や社会である場合は風刺の寸鉄であったり、映画や歌手や俳優を扱うときにはジョークのようであったりするものまでHaikuとしてまかり通っている。

日本航空が英語による俳句コンテストをしたときには、程度が高かったらしいが、アメリカからどんな人が投稿し、どんな作が選ばれたのか残念ながらわたしは知らない。アメリカのHaikuコンテストを二、三のぞいてみたが、良いHaikuは出ていないという印象を受けた。あるコンテストの一九九五、九六年全米チャンピオンが、「simple little thing / doesn't seem like much until / it has gone for good」という近作をインターネットに掲げて、ハイク・レッスンしますとあった。このHaikuは、たとえば「些細なる/ことは意味なし/過ぎるまで」というような五・七・五調に訳せるかもしれないが、詩とはいえず、一種の諺でしかない。

時事週刊誌『Time』によると、アメリカ中でいちばんポピュラーなHaikuコンテストにスラム（Slam＝戸をぴしゃっと閉める音からの語だが、完全なやっつけ、ひいては酷評の意）というのがあるという。それは一九八〇年代の半ばごろシカゴの元土木工事労働者が始めたもので、以後次第に人気が出て、オースティン市で開かれた一九九八年の全国コンテストには千二百人収容の劇場が参加者であふれたと報じられた。オースティン市には大きなテキサス大学があるので、スラム愛好者が集まる雰囲気が推察できる。賞金は最高二千ドルで悪くなかった。ひとまず作品の一例を挙げる。

Eyes locked. Soul kissing,
Exchanging tongues. I awake
Singing in Spanish.

これを概訳すると、「眼が合ったこころでキス/舌を交わしながら目覚める/スペイン語で歌いながら」とでもなろうか。夢想と情熱が感じられるようだが、詩情に乏しい。作者は女性で、多分スペイン系のアメリカ人だろう。タイム誌はさらに、スラム参加作品の主題もその扱いの技量も千差万別で、政治風刺はまだしも、野卑なHaikuもたくさんで、中にはガール・フレンドへの乱暴を扱ったものまであったと報じていた。

このコンテストの一つの特徴は、それを一種のチーム・ゲームと規定していることで、同じ州に住む三、四人でチームをつくり、チーム全員の得点で勝負を決める。もちろん、日本の連歌師たちの仕事とは程遠いが、そのアイデアは日本である可能性がある。一九九八年のスラムには四十五チームのほか、十四人の無所属個人が参加したが、その一人ひとりが舞台に上って、マイクロフォンを通じて作品を朗読した。舞台だから、衣装や演技的な読み方も大事になるわけだ。そのあたりに、前代の反体制ビート族の野外祭典の名残がある。得点をだれがどうして決めるかが問題だが、デモクラシーで人間平等主義のアメリカのこと、コンテスト会場に座っているだれでも十人がランダムにジャッジに選ばれ、十人が各Haikuにゼロから一〇までの点を掲げる。ゼロが最低で、一〇が最高、総得点百がスラム（やったぞ！）で優勝である。

スラムHaikuのことを考えていたころ、偶然、朗詠したHaikuについての面白いディスカッションを聞いた。ワシントン市内を走っていて車のラジオで聞いたものだが、評論家と思われる一人の女性がある編集者と出版社の代表に向かって質疑していた。彼女はその出版社が出したばかりのイギリスとアメリカの詩人の自詩朗読のCDをたたえ、そのCDの続編を作ってHaikuも入れたらどうかと提言していた。東西の詩に詳しいらしい編集者は、スラムの朗読のことを知ってか知らずか、あまり芳しい対応をしなかった。出版社の代表は黙っていた。そのラジオ放送局はある大学の管轄のものだったから、その女性はその大学の教授だったかもしれない。彼女は肉声で朗読詩を残したエリオット

（T.S.Eliot）やフロスト（Robert Frost）らに並ぶアメリカ俳句詩人がいるという意見だったのだろうか。突っ込んだところが聞けなくて、残念だった。

締めくくりに、わたしがやや俳句的だと思った、ウイスコンシン州のある小学校五年生のHaiku作品を、概訳を付けて挙げてみる。作者の年齢は十一歳くらいだが、十七語でなくかっきり十七音で、ちゃんと題を付けて三行書きにしている。

Tree
Green every spring
Bright orange in autumn
Bare in winter
–Kellie Webster–

木
春みどり
秋はオレンジ
冬はだか
―ケリー・ウエブスター―

Deer
Running through the field
I can only see a white flash
Quickly vanishes
–Daniel Paulson–

鹿
野をよぎる
白いものただ
消えるだけ
―ダニエル・ポールソン―

このように観察してくると、アメリカの中の俳句の観賞者や実作者は、大学で教えたり理解しようと努めたりした者よりも、英語で言葉ができて、Haikuを書くつもりの普通の人たちではないか、と思えてくる。次に挙げるワシントン・ポスト紙の「人生短し：わが生涯のHaiku」欄への投稿者のような、ハイクという名前だけ知っている程度の普通人の仕事ではないか。

アフリカの炎天下、わたしはテレサの眼を見つけた。神は創作者。だが、彼女のような傑作はもう造れまい。九年後アメリカで、わたしは娘の眼を見た。テレサに抱かれた娘の。わたしは間違っていた。神は傑作を一度しか造れぬことはない。（抄訳）

この投稿者の名前はとても発音できないので、カタカナにすることができない。アフリカのどこかの国から移住してきたアメリカ人に違いない。彼がいう「神」は、しばらく前からアメリカの北東部や南部に住む人たちの「神」とたぶん同じではないだろうが、それは問題ではない。彼は自分の生涯をHaikuにして百ドルの賞を得た。

俳句はこのようにしてアメリカに浸透し、生きている。

日本の美術

アメリカに入っている日本の美術品は実にたくさんだが、それらを通観できる総合目録はないようだ。各美術館や保存館のカタログはあるが、日本美術品だけを別にしたものは少ない。ボストンの北セーラム市にあるピーボディー美術館の、根付けばかりのカタログなどはその少ない一例である。また、シカゴ美術館が持っているバッキンガム・コレクションという浮世絵の集成目録がある。本阿彌光悦のたいへん立派な総目録がフィラデルフィア美術館から出ているが、これはアメリカ蔵だけに限らない光悦の総括的な研究書でもある。その他、各美術館の来館者用のパンフレット類、ときどきの特別展の目録や解説書など。美術館には必ず美術史学の専門家と図書館情報学の学位を持った美術書専門の図書館員がいるから、そういう出版物は学術的で大変役に立つ。そのようなものを全部集めて、アメリカ所在の日本美術品解説カタログができれば、とてつもなく大部な本になろうが、それをとにかく編纂して電子ウェブに載せれば非常に便利だろう。

大きな美術館や有名なコレクションに限らない。こんな所にと驚くような場所に日本の美術品が入っている。いったい、美術品はどのようにして国から国へ動くのか。ニューヨークやロンドンやブリュッセルの、印象派の絵一枚を数千万ドルで動かすようなオークション・ハウス（美術品商）を通してばかりではあるまい。十九世紀末にセントルイスやシカゴなどで催された万国博覧会への日本からの出品物を、そのままアメリカに残したという事情でもあったかもしれない。フィラデルフィアの博覧会は一八七六年のことであったが、そのとき日本から六千箱の美術品や建物の部品が着いた、という記録がある。日本のどこかに、そのうちの何箱が送り返されたというような記録が残っているだろうか。一九六〇年代になってのことだったが、日展無審査出品資格を持つ偉い陶芸家がシカゴ大学の客員アーティストとして仕事したときには、一度の展覧会の後、作品はちゃんと日本に持って帰られた。

もっとも、博覧会は進んだ製品や珍しい製品を見せる催しなので、本当の美術品など国外に出さなかったかもしれない。いずれにしても、アメリカにきている日本品の展示は懐かしく、それが美術（Art）に属するものなのか工芸品（Craft）なのかの問題はあまり気にならない。それでも、二流の美術品と一級の工芸品の間にはどんな決定的な違いがあるのだろうかなどと深刻に考えることがある。小さい町の美術館ともいえないアート・センター程度の展示室でも、どうも本物ではないかと思わせる日本のものを置いていることがあるからだ。

フェノロサ（Ernest Fenollosa）やその学生であった岡倉天心のような人がアメリカに持ってきた、雪舟をはじめとする雅邦や芳崖などの日本美術の数々の名品が、今ボストン美術館にあることは知られているとおりである。バルチモア市のウオルターズ美術館はその町に住んだ資産家の子孫が開いた美術館だが、そこにある立派な日本の焼き物や刀剣や甲冑やかんざしや根付けや印ろうは、その資産家が一八六〇年代、つまり幕末のころ、パリに住んだときに集めたものだ。同じ美術館が別にたくさん持っているギリシャやローマの彫刻は、その資産家がアメリカに帰ってから集めたということだから、美術品の動く経路は複雑だ。アメリカにきている日本美術品はいずれも数奇な経歴、一つのロマンを持っているように見える。

一九七〇年代オハイオ州の大学にいたとき、学生なのに勉強以外のことでよく研究室に入って来る男があった。日本刀を数本ずつ見せに来るのだ。（州法によるとコンシールド・ウエポン〈隠した武器〉は違法だが、武器をおおっぴらに持ち歩くのはいいのだと聞かされた。）そして銘を読んで年号を確かめてくれと頼む。本人は英文で出版された刀工の名前と推定価格を記した小冊子と、日本の年号と西暦年の対照表を携えていた。彼はベトナム戦争の経験者だが、今日本刀の美に魅せられていると言う。しかし、その言葉は半分だけ本当で、半分は日本刀で金儲けをしていたらしかった。田舎のノミの市や古物屋や骨董屋を丹念に探せばナチ・ドイツの短剣や勲章などとともに日本刀や鍔やかんざしなどが見つかると言う。それを安く買ってどこかで高く売るのである。見せられた刀は明治以後の新刀とか、いわゆる昭和刀もあったが、金沢の何とか、相模の何とかという徳川時代のものがかなりあった。中には、無残にも、粗やすりをかけられたものや、つかに西洋ナイフの柄にする鹿の角を付けられたものがあった。むかしなら「武士の魂」と呼ばれたはずのこのような日本刀が、なぜアメリカ中西部の田舎町の骨董屋に現れるのか、ある推察はつくが確信はない。

そのオハイオ州にゼーンズビルという陶器を作る町がある。粘土を皿やコップや動物の型に入れて焼き、色を付けて出荷するのではないかと思わせるような煩雑な田舎町である。一方、同じ州内にあってもクイーン・シティーと自称する瀟洒なシンシナティ市には、十九世紀の終わりごろから二十世紀の半ばまでロックウッド陶器（Rockwood Pottery）という陶芸会社があった。ロックウッドが作る陶器には日本の焼き物の影響が見られ、そのあるものはシンシナティ美術館に入っているくらい立派なものである。調べると、その会社には一九一一年までShirayamadai Kotaroという日本人の陶工がいて指導したという事実が分かった。どおりで製品は明治時代の日本で作られたような、日本的でかつ西洋的な形、厚いガラスのような釉薬、エキゾチックな事物に桔梗や萩など四季のものなどあしらった模様などの特徴を持っている。このシンシナティのShirayamadaiの影響が遥か離れたゼーンズビルの町にも及んでいたらしいのだ。ずっと後になってのことだったが、わたしはその証拠になる陶器を偶然フィラデルフィア美術館で見つけた。数点の色形に特徴ある作品が出ていたので、わたしはこの美術館もロックウッド陶器を持っていると感心して近づいてみたところ、それは予想に反してゼーンズビルで作られたものだった。Shirayamadaiがシンシナティからこの町を訪れただろうか、この町の陶工がShirayamadaiの名を聞いてシンシナティで弟子入りでもしただろうか、またはだれか別の日本人の陶工がこの田舎に住んで教えただろうかと想像のロマンはあったが、確かめられなかった。

二十世紀末のゼーンズビルには、そんなロマンの影はなかった。しかしその町には、明治時代か徳川のものと思われる刀剣や鎧具が、蒔絵の硯箱や重箱や雛人形や玩具類と並んで展示された「美術館」

があった。展示品の内容やその配列の仕方から判断すると、それは元は一個人の邸宅だったようで、その個人はアマチュアの美術愛好家に違いなかった。その「美術館」へ、時々その町や周りの小学校から生徒が「日本美術」を見に来るらしかった。雛人形でもひなびた玩具でも、生徒たちは日本の実物を見ることで日本のことを少し知り、美術を見る目を肥やすことができる。

ウエスタービルという町にも日本美術品があるとその町出身の学生が言うので行ってみたら、コンクリートの壁の入り口に稲荷のような赤い鳥居を建てた、一部分に塗りがある小屋のような建物があった。縁側らしいものが付いていた。しばらく日本に住んだ貿易商の奇特家が造ったという。頼めば花瓶などあるマット（畳のことか？）を敷いた建物内を見ることができるそうだったが、わたしは頼まなかった。マットの部屋には床の間や花瓶くらいはあったかもしれないが、たぶん見るべき日本美術品はなかっただろうと思う。

ところで、アメリカには日本の陶芸に学んだことが分かるような熱心な陶工や陶芸趣味の人がいる。一九五〇年代のヒッピーやコミューン（アメリカにできた小さい反社会的共同自治体）生活者の流れの者だろうか、そんな人たちはたいてい定職を持たないので、よく町や田舎に集まって野外市を開く。市で、皮製品や木工作品などを売る人々と並んで、自分で焼いた陶器を売るのである。話してみると、粘土は自分の住んでいる町からというのは皆無で、みんなどこからか買うと言う。日本と違って、焼き物が特定の土地や伝統に根差しているということがない。それでも、土瓶の形や蔦の取っ手を付けた花器などに、日本の影響というより真似をしていると思わせるのがよく目に付く。わたしは日本からの来客が日本の焼き物と見間違ったアメリカ製花瓶や皿を持っている。それは日本へ英語を教えに行ったとき土いじりを習ったという人のと、娘がアートを日本で勉強したのでという老婦人のとで、どちらも安価で買った。どちらの作家も中学の先生を続けているとのことだったので、日本の息のかかった土いじりが少しずつでも二つの学校で広まっていることだろう。この野外市の場所は、小説家の庄野潤三が一九五五年から翌年までいたケニヨン大学のある、オハイオ州はギャンビアという町の近くだった。

本当の日本美術品の展示で一番大勢の人が見に来たのは、江戸展（**Edo：Art in Japan, 1615-1868**）だったと思う。ワシントンの国立美術館の企画で、NTTの出資、文化庁と国際交流基金がスポンサー、全日空など多くの日本とアメリカの企業や美術館や日本研究学者が協力するという大掛かりなものだった。入り口の所にはまず江戸の梵鐘がつられ、時々鳴るその青銅の音が、同じ入り口の所に常置されているヘンリー・ムーア（**Henry Moore**）の赤銅の大彫刻と対峙していた。

展覧は二期に分かれ、国立美術館の東館で一九九八年秋から一九九九年の春まで続いた。会場になった国立美術館東館は、入場無料でも普段はすいているのに、「江戸展」のときにはいつも混雑して整理券が必要になった。来た人々は、アメリカ建国以前から開拓者たちがインディアンらと戦ったころを通じて、日本には高度に洗練された、平和な庶民の生活があったことを知ったに違いない。だれが見てもまず、出品物がなじみ深い生活用品なのに、使用するにはもったいないないほど洗練されていることに驚いたであろう。出品物の配列と解説も分かりやすくて立派だった。大勢の人が宮本武蔵の墨絵の解説を読んでいた。みんな、ハイテクの国、エコノミック・アニマルのひしめく国、という日本のイメージを改めたに違いない。江戸の火消しを演ずる日本からの参加者が、みんな刺青の肌を出して梯子上ぼりの芸を披露したときには、あの東館のバルコニーも階段もエスカレーターも鈴なりの人、また人で、カメラのフラッシュがひっきりなしに光った。江戸の辻芸人の実演は、ホワイトハウス近くの「辻」であって、ここでもフラシュが光っていた。

「江戸展」は大評判だったが、国立美術館の向かいにある東洋美術の専門館であるフリアー・ギャラリーに行くと、たいてい閑散としている。川端康成が好んだかもしれないような志野や、楽や、伊万里が常時展示してある。ある日には、シカゴ大学の客員だった陶芸家の逸品が出ていた。また、蕪村の俳画も出ていた。酒井抱一の三十六歌仙は常時出ている。ギャラリー側はいろいろのテーマで展示会をするが、小さいし、なかなか人気がわかない。所有品数に比べて場所に限りがあるので、名品を時々入れ替えているのだ。記録によると、このギャラリーには屏風だけでも二百双もあり、宗達も光琳も狩野元信の作品もある。美術史の専門学者なら頼めば見せてもらえるのかもしれない。これらは、チャールス・フリアー（Charles Freer）というニューヨーク出身の実業家が二十世紀の初めごろ買い集めたものである。このギャラリーだけでなく、アメリカのどの美術館を見てもいえることだが、日本は幕末から明治にかけて、実に大量の美術品を手放したものだ。

フリアー・ギャラリーで一度案内婦人の説明を受けたことがある。実は普段素通りする美術館の一角で声を掛けられ、誘われたのだ。案内婦人は一つの薄黒く汚れたような鎌倉時代の仏画の前に止まって、その仏画の細部がいかに描かれているかについて講釈した。わたしは、ベルギーのハンス・メムリング（Hans Memling）の描いた衣服や絨毯の繊細緻密なリアリズムにも劣らない細部の描写が、メムリングより数百年も前に日本でなされていたことを知り感心した。そして、その案内婦人の仏画、日本美術一般についての造詣の深さに舌を巻かざるを得なかった。後でその婦人のことを美術館の窓口で尋ねたら、彼女はこの近隣のボランティアで、美術館とは雇用関係のない人だろうとの答えだった。アメリカにもそんな通人がいる。

立派な美術館にはその裏にいろいろな専門家や司書がいる。その人たちが作ったらしいと思わせる美術館の客寄せ用の広告に「Zen in the city（坐禅を市中で！）」というキャプションで、鞄を持ったビジネスマンたちの真ん中でむこう向きに坐禅を組んでいる一人の人間の影絵図が淡泊に描かれているのがあった。その影の下に、ある東洋美術専門の美術館の名前と開館時間が出ているのだ。忙しくて騒がしいアメリカ社会で、東洋美術館は閑静な悟りの場というわけである。この広告はモダン商業アートのコレクションに入れてもよい傑作である。

日本美術観覧者は、ボストンやフィラデルフィアのような、一般に教育レベルが高いといわれる都市の立派な美術館でも多くない。いつもフランス語や何カ国語かのささやき声が聞こえる印象派の作品部門などと比べると、日本部は静かなものである。シカゴ美術館の日本屏風展で宗達を見たことがあるが、新聞のたいへん啓蒙的な批評解説にもかかわらず、来ていた人は稀だった。わたしは、その宗達がオハイオ州のクリーブランド美術館からの特別出品だったことを覚えていて、十数年後オハイオに住んだとき、ドライブして何度かクリーブランド美術館へ足を運んだ。そこには屏風の良いのがあったが、辺りには人気がなくて、宗達には二度と会えなかった。代わりにといっては何だが、「日本美術における写実主義の現れ（Reflections of Reality in Japanese Art）」という展示会に出くわし、ごま塩頭と髭の一休禅師の軸を見た記憶がある。それはしかし東京国立博物館からの特別展示で、アメリカに常在のものではなかった。

言葉の仲介が不用な美術は（言葉の芸術である文学も）、はたしてどのようにして理解されたり、影響を与えたりするのだろうか。美しい誤解もあるだろう。表面的な理解もあろう。学んで影響を感じるまでに日数がかかることもあり、突如として影響を表すケースもあるようだ。また、一方では、何にでもすぐ根源を探したり影響をたどりたがる癖が良くないとも思う。雪舟や武蔵が、北斎や写楽ほど西欧画に影響を与えなかったとしても、かまわないではないか。絵画は音楽ほど再生できず、本物は一枚だけしか存在しないのだから、その一枚がアメリカに安全に保管されていて、それが見る人に美術の広さを教えればそれで良しとすべきだろう。時には、美術館の静かな東洋部門やその中の日本美術の部屋で熱心にメモなどを取っている研究者や学生の姿を見る。日本部門に観覧者が少ないことは、日本美術が相対的に劣等であるということにはならない。

展示の場所についても、アメリカの網羅的な大美術館の中では日本美術は他国の美術に比べて小さく、しかも三階の一隅だったり地階だったりすることがある。これも、日本よりも古くから、たくさんの美術的名品を作って残した国が数多くあるという動かせない事実があるので、まあいたしかたない。アメリカの美術館や美術界が日本美術に対して不公平であるからとはいえない。初めにふれた根付けを一つの例にとれば、日本の根付けは過去数百年さかのぼる展示品目であるのに対して、メソポタミアの細工品や、エジプトやギリシャの根付けに比べられるような装飾品は、過去数千年もさかのぼれる展示品目であり、それが現代の目からも驚くほどモダンであったりするのだ。しかし、古さのうえで日本が西欧に劣るとしても、東洋にはインドや中国のような古い立派な文明があり、東洋全体は西洋全体に劣らない。大きな美術館では日本の美術を東洋部門に入れて考え、豊曉な西欧美術とバランスよく観賞する必要がある。その点、ニューヨークなら総合的なメトロポリタン美術館にしくはない。世界の中の東洋、東洋の中の日本、ひいては宇宙の中の自分が見えるからだ。

ミュージアム・ストアと呼ばれる美術館の売店は別の雰囲気で、そこはいつも混雑している。美術館に来た人がいろいろな美術品の模型や複製を買っている。その美術館だけでなく他の美術館の展示品の模型や複製や、普通市場では見つからない、しゃれた器物や装飾品などが並べてあるので、人々はそんなものも買っている。日本のものは、ずっと前には扇子とか粗末な焼き物や塗り箸のようなものに限られていたが、二十一世紀の初めともなれば、大変良くできた工芸品がそろっている。たとえば、茶器や漆器や南部鉄器など、アメリカのデパートにはないものがミュージアム・ストアにある。北斎の富士を筒に巻いた土産はもう出回ってしまったようで、光琳の鶴の金縁の額入りが評判が良いようである。美術館来訪者は広い館内を探し歩いて日本部門に行かなくても、店内で日本美術の大要が分かるとでもいうかのようだ。現代日本の進んだ工芸技術と商業方式の思わぬ実りといえる。

日本の美術書もそんな店で目立つ位置を与えられている。大衆は、本といえばいつも決まった、ミケランジェロやゴッホの本に飽き、日本の美術書にエキゾチシズムを見いだすようだ。豪華な広重の画集などとともに、能装束や石庭についての高価な本まで並んでいる。英文でそんな立派な本が出せるような日本の出版社がまず立派だ。日本美術研究家の努力のほかに、日本の印刷技術の優秀さが見逃せない。美術品のカラー印刷は難しく、良いものはスイスでなければできないといわれたものだが、一九六〇年ごろにはすでに日本のカラー印刷はスイスやイタリアの印刷に劣らないという声を聞いていた。しかし、それから日本の技術コストと人件費が高くなったためか、日本の印刷物は少なくなった感じで、良質の画集や目録はシンガポールなど思いがけない場所で印刷されたのに出くわす。アメリカに数々ある日本美術書のうち、少し古いが、ニューヨークのサイモン・アンド・シュースターが一九六〇年代の初めに出したブラッドレー・スミス(Bradley Smith)著の『**Japan :A Hisotry in Art**（日本：美術にみる歴史）』は、美術を通じて、つまり写真に撮られた美術の説明文を読むことによって、日本という国の文化の全貌が鳥瞰できるようになっている。

それから、美術館側が用意した日本文の館内案内や展示品説明書や、オーディオ・ガイドに注目する。そんな日本文のものは一九八〇年代には存在しなかった。それが二十世紀の終わりには、たいていの美術館が立派なものを用意していた。そのことは、日本人観光客の増加と、彼らの美術館やオペラ劇場を見物目標にする教養嗜好の高さとを反映しているに違いないが、アメリカにおける日本語の地位が向上したことの表れともいえる。ある美術館で、ほとんどアフリカン・アメリカン（アフリカ系アメリカ人、主に黒人）ばかりの小学校の生徒たちが案内所で英文のパンフレットを取らないで、みんな日本文のものを手にしているほほえましい光景を見たことがある。

江戸の火消し梯子が十分立つほど天井の高い国立美術館の東館は、ルーブル美術館のピラミッド型の入り口をデザインした中国系のアメリカ人、アイ・エム・ペイ（**I. M. Pei**）の設計である。日系アメリカ人で建築設計に活躍して名をなした人では、ミノル・ヤマサキ（**Minoru Yamasaki**）がいた。ヤマサキは一九五〇年代すでに高名で、ミシガン大学の中央図書館の隣にアンダーグラジュエート用の大きな図書館を建てた。当時としては珍しかった総ガラス造りで、その建物は総開架式の開放型図書館にふさわしかった。後に彼がマンハッタンの南端近くに建てた二つの高層ビルは、巨大な美術品といってよい。と思っていたら、美のはかなさを象徴するかのように、同時多発テロ事件のとき、あっけなく姿を消した。ヤマサキの建築は（ペイの建築も）、まったく西欧的で、日本や中国の建築から何の影響も受けていないようだ。

ところが、テキサス大学の友人は白人だったが、自宅を数寄屋風に建てていた。彼の息子は日本文学者になり、その奥さんも日本演劇の研究学者だ。自宅やその庭を日本風にしている日本研究者は他にもいる。そういう知日家たちの影響によるものか、あるいは日系アメリカ人たちの影響によるものか、太平洋岸の諸州には、日本が西洋建築の影響を受ける前の日本家屋の影響を受けていると思わせる家が数多くある。素人目にも、影響は特に屋根の形、柱と壁、つまり家の縦と横のプロポーション、すべり戸の利用などに見いだされる。しかし、建物は風土のもので、アメリカの厳しい気候や、個人を重んじる生活様式には合わぬものもある。小さい日本の茶室などは、そのまま大きな博物館や美術館の一角に含められて観覧者に供せられている。

浮世絵は、日本美術品または収集品としてアメリカで古くから知られている。刷り物なので絶対数が多く、しかも一枚一枚が小さいので、比較的簡単に売買されて動くらしい。二十世紀の初めニューヨークに日本協会（Japan Scoiety）を創立したルイ・ルドー（Louis Ledoux）は、浮世絵の収集家でもあった。同じころワシントンで新聞を発行していた人が集めた風俗もの二千点は、アメリカ議会図書館に納まっている。徳川時代の歴史物語を書いたシカゴの作家は、日本の現代版画に精通していて、相当な収集をしていた。いつか、日本語とコンピューターのことでカナダの情報学の教授に連絡したとき、彼は日本に研究旅行中でアナウンスメントを残しており、浮世絵の売買の手助けはしないから頼まないでくれとあった。浮世絵の名品はカンサス・シティーのアトキンズ美術館にある。

しかし、ある収集家にとっては、Ukiyoeはポルノ絵の代名詞のようで、一人の学生は「ユキヨ絵」と呼んで、すこぶる変わった絵ばかりたくさん持って喜んでいた。本物もあったかもしれないがほとんど複製らしく、中には原作を曲げて奇妙に作り直したのではないかと思わせる図柄のものもあった。一九七〇年代初めのことである。同じような収集家は、今でもアメリカの方々にいるらしい。新聞や雑誌に出る「ジャパニーズ・プリント」という小さい広告は「ユキヨ絵」のプリント（印刷画）を売買しているに違いない。

普通、子どもたちまで喜ぶ日本の美術は日本庭園だ。これは方々にできていて、人が来ている。日本人は自然を好むというわれが、もし他の国の人はそうでもないという意味を含んでいるとすれば、それは誤りである。アメリカにも自然主義者や自然を愛する人がいて、大都会はもちろん、アメリカのほとんどの都市、街、公園、植物園、温室内部などに日本庭園がある。そして、どの庭園にも池があり、池にはたいてい鯉がいる。鯉クラブ（Koi Club）ができていて、鯉の養殖をアートと考える趣味の人たちが育てている。盆栽も盆栽クラブがあり、事情は鯉に似ているようだ。おかげで、庭園の池には色とりどりの鯉がいるし、庭園のコーナーには日本で見かけるのと違わない盆栽の棚がしつらえてある。

このような日本庭園の盛んな普及ぶりは、日本の音楽や文学やその他の美術の遅々とした浸透ぶりに比べて、どのように説明できるのだろうか。庭も公園も洋の東西に関わらず、同じ題材や似たような技術があればよいからだろうか。フランスやイギリス式の大きな幾何学的な庭園や公園と、小さい日本のような自然庭園との影響関係はどうなのか。サンフランシスコのゴールデンゲイト・パークをはじめ、大きな公園はその一部に日本庭園を内包している。あずまやや茶室は、日本から由緒あるものをそのまま分解して持って来て組み合わせたものから、あり合わせのアメリカ材で適当に造ったものまで種々ある。大部分はよく造られているが、時々デザインに中国風なのがあって、影響についてのわたしの思考に新しい問題を投げかける。庭園の専門家は、たとえばテキサス州のフォート・ウァース市にある庭の方が、有名なゴールデンゲート・パークにあるものより良いと言うのではなかろうか。

オハイオ州の、農地が丘に続き、それが林になる人里離れた所に、ある旧家が植物園として管理している広い土地があり、そこに日本庭園がある。自然林を通り抜けると、岩石が散在する開けたところに出る。それが天地宇宙を表している本格的な枯山水だった。さらに進むと堤から池に出て、池縁のあずまやと遠くの太鼓橋の掛かった築山が見える。橋の脇の目立たぬ地面に小さい標識があり、「一九六四年京都大学教授 Makoto Nakamura の指導で造築」という意味の文が彫ってある。この発見のことを日本語専攻の学生に明かすと、ほとんどがオハイオ州出身の学生なのに、たった一人が庭園の存在を知っているだけだった。だれも行ったことがなかった。

＊＊＊

わたしは日本美術に関する一ページぬきの新聞広告を保存している。新聞はアメリカで知識人の指針と目されている新聞であったが、広告は見る人を暗たんとした気持ちにさせるものであった。そのページは中程に北斎と斉藤清の版画の写真を据え、その上部に大きな赤字で「日本か南太平洋方面にいた人をご存知ありませんか、大儲けかも知れませんよ」という意味のキャプションを添えていた。下部の広告の文章は明らかに無学な人の手になるもので、「第二次世界大戦中の破壊と戦後の再建のさなかに、極東（**Far East**）に芸術的な一つの現象が起こった」と書き出し、男子軍人、女子軍人ともアンティークや現代の絵やプリント画を持って帰ったはずだから、そんな人を知っていれば知らせろとアピールする。朝鮮戦争にも触れ、韓国のアートでもよい、だれでも一九八〇年以前に極東にいた人を探している、安く持ち帰ったスーベニアがいま高価になっているぞ云々で、通話料無料の電話番号が付いている。次に日本、中国、フィリピン、バリ島などの画家の名前のリストがあり、そのうちのだれかのプリントを一枚見つけることは忘れていた株券を見つけるのと同じ結果だという。新聞には一九九七年一月の日付けがある。

地域研究

――日本研究のこと――

日本が真珠湾を攻撃してアメリカを驚かせた一九四一年十二月の時点では、アメリカ側には対日戦争に使えるような日本地図が一枚もなかったという。その逸話を一九五〇年代の半ばごろ、ミシガン大学の日本研究プログラムの学年初めの顔見せを兼ねた説明会で実際に聞いた。プログラム・メンバーの教授の一人は戦前から地理学者だったから、その話は事実だっただろうかと思った。もし話が教訓的な比喩であったとしても、それは開戦時のアメリカの日本についての知識の程度を表していただろう。

説明会はそれから、戦争相手国に対するアメリカと日本との研究態度の違い、西欧と東洋の対比、世界の文化圏のことなどのディスカッションに進んでいった。今考えると即物的な経験論だったが、アメリカは異国や異文化のことを知らない、敵味方に関わらず、知らないからこそ研究しなければならないという議論は納得できた。当時ミシガン大学は、戦争中に陸軍の日本語学校を置いたので、キャンパスの方々にそのときの日本語の落書きが残っていること、それから戦争がすんですぐの一九四七年に日本研究所（Center for Japanese Studies）を設立し、その支所を岡山市につくって教授や大学院生を研究実習に送っていることなどを誇りにしていた。プログラムには日本に学問的興味を持つ、社会人類学や、教育や、宗教史や、美術史の専門家も参加していて、インターディシプリナリー（複数の分野が協力した）とかインターデパートメンタル（複数の学部が協力した）なものと宣伝された。そして、そのプログラムは大学院レベルだったので、それを成功裏に終了すれば、極東研究学修士（Master of Arts in Far Eastern Studies）いう学位を得ることができた。

仮にある国が他国を敵として戦争をするにあたって、その国の正確な地図を一枚持っていたとしても、戦争遂行のための情報資料として十分であるはずがない。相手国の「地域」を多元的にまた総合的に知らなければならない。軍事力や経済力のほかに政治機構や国民性やその他あらゆる情報が必要であり、何よりも敵国語の知識が要る。ところが戦争時のアメリカには、日本語の正規のコースを開いている大学はほとんどなかったし、たいていの大学では研究の分野は地理なら地理、歴史なら歴史というふうな主題分野別が主流で、遠く離れた異文化圏に総合的にアプローチする効果的な方法も体制も持たなかった。戦争が始まってしまうと、未知の日本は強力で、戦域はまたたくまにアジア大陸と太平洋全域に広がった。戦争が終わると、日本の占領と民主化という仕事があったので、アメリカは天皇制や神道のこと、日本の道徳、民俗や風習を知っておく必要があった。

一九五〇年代に極東研究の修士課程に入ってくる学生たちはみんな、歴史や美術史の分野の努力家で、現代ヨーロッパ語とラテン語などができたが、論文を書くために必要な中国語や日本語の準備がなかった。彼らがやってきた大学のアンダーグラジュエート課程には、たいてい何の東洋語のコースもなかったからである。ミシガンでは、修士論文を書くまでに日本語の読解力を持たねばならなかったので、彼らは週二十時間にも上る日本語集中特訓を受けて、勉強に多大な時間を費やしていた。しかも語学のコースはアンダーグラジュエートの単元なので、学位の必要単位に加算されなかった。そのために日本研究プログラムは、他学部のプログラムに比べて格別に難しいとされた。

半世紀前に日本研究を志向した学生たちは蝶ネクタイなどしていて、どこかの大学の博士過程の入学許可を得て日本美術や日本歴史の博士号に向かって勉強を続けたいという遠大な目的を持っていた。みんな、将来は大学の教授になるか著作家になることを希望していた。十人の修士課程の学生の一人は、マッカーサー司令部で日本の教育改革の仕事をしたという年輩の男だった。また、英文科の出身者がいた。彼は偶然見つけた大佛次郎の『Homecoming（帰郷）』を読み、次に太宰治の『The Setting Sun（斜陽）』を読んで感心し、それからウエーリー（Arthur Waley）訳の源氏物語を読んで日本文学の研究家になる決心をしたと言った。キャンパスでは、学士号を受けた学生で修士過程に進むのは百人のうち二十人、修士号取得者のうちで博士課程に進学できるのはその二十人のうちの一人、そこから博士号に達するものは六人に一人にすぎないという噂があった。

学生たちは教授とほぼ対等に資料の読み比べや、意見や解釈の交換をし、専門の違う学生同士は教え合った。文学のセミナーには、キースという英文学の博士課程にいる学生で作曲もするという男と、日本語がぺらぺらのリンという中国人の法学生が入ってきた。キースは、日本文学では野口米次郎が一九一四年にロンドンで出版した『The Spirit of Japanese Poetry（日本詩歌の精髄）』や、一九三〇年代に出たフランス語訳の萩原朔太郎の詩などを読んでいるという驚異的な博識青年で、自分のぺーパーの発表のときには萩原の詩をフランス語で読み、「Cimetiere hallucinant（なまめかしい墓場）」というくだりのイメージャリーについて熱情的に語った。リンは火野葦平の書いた日支事変に基づく作品に詳しく、中国のナショナリズムの見地からそれを論じ、教授も感心して聞いたようだった。地域研究という総合プログラムでは、社会人類学や歴史の知識が特に役に立つ。

学年初めの説明会で聞いた限りでは、ミシガン大学が日本研究に絶対の先鞭を着けたような印象を持ったが、歴史的に見れば、アメリカの日本への関心はもちろん遠く第二次世界大戦以前に根差していたのであって、ペリー提督の訪日があり、岩倉視察団の来訪や、日本人留学生の到来や、世界博覧会の開催や、日本人移民の始まりや、日清日露の戦争や、朝鮮植民や、そのほか盛りだくさんの世紀的な事件が起こっていた。日清戦争を期として、カリフォルニア大学バークレー校では日本歴史のコースをつくり、日露戦争を期としてスタンフォード大学は極東史のコースをつくっていた。同じころ（一九〇六年であったという記録がある）イエール大学では、アメリカにおける日本人の草分け学者の一人である朝河貫一が歴史を教え始めた。西部の大学、ワシントン大学に東洋言語学部が生まれたのは一九〇九年のことであった。ハワイ大学が東洋言語学部で日本語を取り上げたのは一九二〇年になってからで、日本人移民の多かったハワイにしては遅かった。

戦後アメリカにおける日本研究の手始めの仕事の一つに、ミシガン大学の日本研究書誌目録の編纂があった。日本の国際文化振興会が進めていた日本学術書の解説目録を、ミシガン独自にアメリカ人の日本研究者たちに向くように編纂解説する仕事で、成果は『Center for Japanese Studies

Bibliographical Series（日本研究所文献解説目録）』十巻として実っている。十巻の内訳は基本参考図書から始まり、主題別に歴史、経済、政治、日本語、方言学、文学などである。アメリカでは研究の面でも授業のうえでも、まず過去に出版された業績に基づいて進められることが、当時の日本の大学のやり方とかなり違っているようで、印象的であった。

日本研究の指定読書室には、古いケンパー（Engelbert Kaempfer）やシーボルト（Philipp Franz Von Siebold）らの日本報告書があった。『An Account Geographical and Historical』という日本地理と歴史の説明が出ていたし、日本に行ったペリー提督の日本報告や、明治の初めに福井県と東京に数年住んだグリフィス（William Elliot Griffis）の著作があった。グリフィスの『The Mikado's Empire（大君の都）』は一八七六年（明治九年）に出版された古典であったが、一九五〇年代でもまだ日本研究専攻学生の参照指定図書だった。ほかにニトベ（新渡戸稲造）の『Bushido』や、エツ・スギモトの『A Daughter of the Samurai（武家の娘）』や、ラフカディオ・ハーン（Lafcadio Harne）の著作も参照図書に加わっていた。しかしまず読まなければならなかった本はジョージ・サンソム（George Sansom）の『Japan: A Short Cultural History（日本文化小史）』とライシャワーの『Japan: Past and Present（日本：その過去と現在）』であった。ライシャワーの本は当時まだ増訂前で、日本の占領時代をカバーする章が書かれていなかった。そんな時代だった。歴史の専攻学生はハーバート・ノーマン（Herbert Norman）の戦前の著作もあわせて読んでいた。トインビー（Arnold Toymbee）の本も指定図書室に並んでいた。

日本美術研究に関しては、東京帝国大学で美術史や哲学を教えたフェノロサの『Epochs of Chinese and Japanese Art（中国と日本の美術の新紀元）』という本が、彼の死後一九一二年になって出版されていた。それは西欧の東洋美術への開眼の書であった。それからあらぬか、その二年後の一九一四年に、後、京都と奈良を米軍の爆撃から救うことに貢献したワーナー（Langdon Warner）が、ハーバード大学の東洋美術学部のポジションに就いた。

東洋美術の部門でよく分かるのは、西欧やアメリカの東洋への関心がエジプトやメソポタミアの中近東から、つまりオリエントから、シルクロードを通って東方へ漸進し、その東の果て（つまり極東）に中国の古代文明があり、そのさらに東に日本を見つけたという学問の歴史的進展経過である。むかし、フランス人学者やドイツ人学者が編んだ東洋学の書誌を開いて出版された文献をたどれば、そのように東洋学が進展したことが確かめられる。日本や中国の研究が Far Eastern Studies（極東研究）と呼ばれたのはそのためである。極東研究の中心的な雑誌は『Far Eastern Quarterly（季刊極東）』で、図書館はFar Eastern Library（極東図書館）と呼ばれ、学部はDepartment of Far Eastern Languages and Literature（極東の言語および文学部）とかDepartment of Far Eastern Languages and Culture（極東の言語と文化研究部）と名付けられていた。

一九六〇年代のシカゴ大学では、メソポタミアやエジプトの研究をする大きな東洋言語文明学部が小さな極東言語文学研究科を内包していて、その科の中でも日本研究は中国研究の彼方にあるようにみえた。わたしは東洋研究所の石の階段を上り、そのときまでにもう長い年月をかけてアッシリア語の辞典を編纂しているという教授たちの部屋の並ぶ長い廊下を足音を忍ばせながら通過して、一番奥の部屋にある極東言語文学科に行ったものだ。

後、シカゴ大学の極東研究は、幅広い東洋学から独立するように離れていったのだが、それからさらに後の一九七〇年代から八〇年代になって、日本経済のブームが起こした時流に乗って新たに日本プログラムを始めた大学は、たいてい東洋研究の伝統を持たなかったので、急いで東アジア言語学部というような学部をつくって学生を迎え入れた。そのやり方はあえて不当ではなかったが、そのような新学部に育った日本語学生たちの中には、古いオリエントやインドや中国の文明の存在にさえ気づかず、偏った世界観を持ってしまう者もあった。

日本のことを西欧に初めて伝えたマルコ・ポーロにとって、日本は行き着いたシナの都からさらに東―極東―にあるという噂の国であったことを記憶しておきたい。とにかく、西欧の古い大学では中国研究の方が日本研究より格段に古く、また大きい。ハーバード大学が一九二八年に設立したハーバード燕京研究所（Harvard-Yenching Institute）は、名前通り燕京大学と共同して中国を研究するための機関で、日本研究は付随してなかった。しかしコロンビア大学では、その一九二八年に、日本学者の草分けである角田柳作が尽力して日本文化センター（Japanese Culture Center of America）をつくっていた。

この一九二八年に行われたある貴重な調査がある。それはアメリカの大学約六百校を対象とした東洋関係のコースの現況調査で、東洋に何らかの関わりを持つコースを出していると回答した大学が百十一校、東洋学のコースなしと回答した大学三百九十二校、調査に応じなかった大学百三校という結果を出している。当時何らかの東洋関係のコースをオファーしていた大学は全体の約十一パーセントということで、そのうち一校で十一コース以上出している大どころはシアトルのワシントン大学、カリフォルニア大学バークレー校、スタンフォード大学、ハーバード大学、コロンビア大学で、十一以下のコースを出しているところを数えても、ハワイ大学、ミネソタ大学、シカゴ大学、ペンシルバニア大学、ダートマス大学、イエール大学などがあるにすぎなかった。しかも、それらはほとんど中国に関するコースであった。日本関係では、歴史、政治、美術史、宗教学などの概観コースが諸校に散在していて、そのうちカリフォルニア大学バークレー校、スタンフォード大学とイエール大学では少なくとも中国と日本の研究にバランスを置こうとしている傾向が窺われた。ただし、日本語の正規コースは、ハワイ大学とカリフォルニア大学のバークレー校の二校にあるだけだった。

この調査をした機関は、一九二五年にハワイで設立された私設の太平洋問題調査会（Institute of Pacific Relations）で、渋沢栄一、井上準之助、新渡戸稲造、アーノルド・トインビー、後にオーエン・ラティモアー（Owen Lattimore）らの実業界や学会の大物が参与している。その名前が示すように、この会は太平洋に臨んだ中国、フィリピン、オーストラリア、ニュージーランドからカナダも含める国々の相互理解のためにつくられたもので、扱った問題はそれらの国の政治や経済だけにとどまらず、アメリカ内の東洋移民の排斥問題などの広い範囲にわたった。その研究成果は、会の機関誌『Pacific Affairs』やその他たくさんの単行刊行物に見ることができる。

しかし、一九二〇年代の終わりごろには金融恐慌はあるし、太平洋の縁域には山東半島や済南に事件が起こるしで、調査会メンバー国の間にあつれきが起こり、会の運営にも支障をきたした。それで、渋沢と新渡戸はそれぞれスタンフォード大学とカリフォルニア大学バークレー校に日本研究専攻の教授の席をつくって、アメリカの日本研究体制の強化に貢献することになる。太平洋問題調査会自体は政治的な活動はしない方針だったたが、日本が中国大陸で軍事活動を始めた一九三〇年以来、会内のあつれきが高じて遂に共同活動が不可能になった。（この会は戦後まで存続はしたが、マッカーシー上院議員の、いわゆる「アカ狩り」の憂き目にあい、一九六一年に消滅した。）

満州事変が起こり、世界の目が極東に集まった。その翌年一九三二年に、セルゲ・エリセフがハーバード大学の極東言語部に着任した。エリセフはロシア生まれであったがベルリン大学で日本語を修め、東京大学の正規学生として俳句や劇文学を研究、同学の夏目漱石や谷崎潤一郎らと親交を結んでいた。が、いったん帰国してセント・ピータース大学を経て、ソルボンヌ大学で研究中にハーバードから招かれ、そこで日本学を開き、日本研究のリーダーとなる俊英を育てることになる。その業績は、俊英の一人ライシャワーと協力して大学生用の日本語教科書を編纂したことを含めて、日本研究分野で伝説のようになっている。ときに、ハーバード燕京研究所の日本図書が八千冊になった。（中国図書はその十倍の八万冊だった事実は、当時の中国研究と日本研究の比重を表している。）同じころ、角田柳作のいたコロンビア大学には一万七千冊、朝河貫一のいたイエール大学にはすでに一万五千冊の日本図書があった時代である。変わったところではノースウエスタン大学で、ノースウエスタンがそのころ集めた数千冊の日本の政治や仏教や儒教関係の書物を眺めてみれば、日本が大陸につくった帝国大学や南満州鉄道株式会社の研究資料が重視されたことが分かる。東の果ての噂の国日本に西欧の学界の真剣な注意が向くには、一つには、日本が侵略した大陸につくった大学や研究所における研究成果が表れるのを待たなければならなかったとすれば、皮肉である。

遂に第二次世界大戦になったとき、アメリカは対日戦に使える日本地図も必要だったが、日本語を読み書き話す能力も緊急に必要だった。そこで軍が日本語プログラムを編み、陸軍がミネソタ大学とミシガン大学に、海軍はコロラド大学に日本語学校をつくった。これらとは別に、陸軍は特殊日本語プログラム（Army Specialized Programs in Japanese)をシカゴ大学とハーバード大学に設置した。戦後、これらの学校で日本語の勉強をした俊英たちの中から日本研究学者が輩出したのだから、実に日本との戦争はアメリカの日本研究を飛躍させる大きな契機であった。

戦争が終わると、それらの俊英は大学に戻って学位を取得し、各地の大学の教職に散っていった。そんな人たちに歴史学が一番ポピュラーであったのか、あるいは歴史の分野の教授陣や研究資料が博士号に向かっての勉強に一番整っていたのか—おそらく後者の理由が強かったろう—日本歴史の分野は、戦後十年間に二十五人もの博士号を出したという統計がある。その傾向は続いて、次の一九五六年から一九六五年までの十年間に四十六人の博士、その次の一九六六年から一九七五年までに九十五人の博士が世に出た。別のアメリカ学術協会審議会（American Council of Learned Societies）の一九七〇年の統計によると、アジア学会（Association for Asian Studies）という極東を含むアジア地域研究者の集まりに日本研究専門家は約五百人いて、そのうち歴史学者が百十人だから、歴史学の博士数とだいたい一致する。同統計は日本の政治専門家は五十二人、語学と文学の専門家は三十三人という数字を出している。また、約五百人の日本専門家の半数は、四十一歳以下の若年学者であるとも指摘している。

アメリカの教育制度では、軍の学校以外の大学は州立か私立だから、カーネギー財団のような大財団が戦前から教育を助成していた。日本研究が活発になり始めた一九五〇年代には、フルブライト財団やフォード財団らが教育に出資し、地域研究のプログラムはその恩恵を受けた。しかし、アメリカの日本研究資金のやり繰りにとって画期的な事件は、一九五七年十月のソビエトによるスプートニク衛星の打ち上げであった。その際、アメリカは宇宙計画に遅れをとったと感じて、急きょ国防教育法（National Defense Education Act）を作り、教育のある部門を国庫補助することにしたのである。日本語はロシア語などとともにクリティカル・ランゲージ（決定的に重要な言語）と規定され、そう呼ばれるようになり、日本研究のプログラムも、学生も、多額の扶助を受けるようになった。

ミシガン大学では、スプートニク衛星打ち上げのニュースの出た翌日の文学のセミナーが、衛星時代と文学についての即席ディスカッションとなった。一人の学生はスプートニクの目的や用途にクレームを付け、あまり価値のない科学だと言ったが、振り返れば文科系の学生の無知というものだった。元陸軍の将官であったという教授は、スプートニクの軍事的な利用の可能性を示唆した。その数カ月後、学生たちは国防のための教育法（それはすでにNational Defense Education Act を短縮して NDEA と呼ばれていた）による奨学金の額の大きさを噂して胸をはやらせた。しばらくすると、優秀な NDEA 学生たちはさっそく家族連れで日本へ留学した。

前記のアメリカ学術協会審議会のレポートによると、それから十年と少したった一九七〇年までに、日本研究プログラムは千九百万ドルの援助金を受けたという。その間に、日本研究プログラムがなかった地方の大学に新しいプログラムが作られ、日本語のコースが増えた。それらの大学からの優秀学生は、スタンフォード大学が東京で発足させていたスタンフォード・センター（後、Inter-University Center for Japanese Language Studiesになり、場所は横浜に移った）で日本語の勉強を仕上げた。学生が大学院に進んでから、学位に必要な単位に加算されない日本語の単位を四苦八苦して修得しなければならなかった時代は過ぎていた。

時よろしく、日本側もアメリカの日本研究へ大々的な援助を始めた。一九七二年の国際交流基金（The Japan Foundation）の発足と、基金のその後の豊富で多彩でグローバルな活動は広く知られているところである。日本政府もアメリカの日本研究に多大の関心を示し、一九七三年には国際交流基金を通じて総計一千万ドルを供出した。一千万ドルは十に細分されて、アメリカの十の大学の日本研究プログラムがそれぞれ百万ドルずつ寄付を受けたのであったが、それはアメリカの日本研究にとって一つの事件であった。十校の選にもれた大学にとっては、それは一種のショックであったが、アメリカ全体では日本語を取る学生数が初めて中国語を取る学生数を上回る好結果となった。しかし、日本文学を勉強する学生数は増えなかった。学生は一九五〇年代のように「大学の教授になるか著作家になる」ことに熱意を燃やすよりも、日本語を金銭のあるところに、つまりビジネスに使う方向に向いていた。そのことは、東京のスタンフォード・センターに選ばれて日本語の勉強をした学生の統計に反映している。つまり、一九六〇年から一九七〇年代のスタンフォード・センターの学生はその四十九パーセントが大学教授になったが、一九八〇年代以後の学生の約半分はビジネス界の幹部を志向し、学界志向は十四パーセントに減っている。価値観が変わり、物欲が美徳とされる時代に、日本語の勉強イコール日本研究と早合点する人たちが現れても驚くに値しないかもしれない。ジェット機がラクダのように砂漠からオリエントへ向かわず、西に向けて太平洋を一飛びでアジアに着くようになってからすでにあまりに長い時がたっていた。

地域研究としての日本プログラムは第三、第四の段階を迎えていたのだ。学生は新しい研究や、読みやすく英訳された研究文献や、スカラーシップなどの経済的な恩賞をエンジョイし、語学や言語学の学生などは、日本語だけを身につけて繁栄する現代日本に飛び込んだ。日本は、彼らを英語教師などとして厚遇した。インドの思想や日本に絶大な影響を与えた中国の文明の影は薄れた。オリエントは往年の魅力と栄光を失い、中近東や東南アジアや東アジアなどの小地域に区分されて、それら一つ一つが石油や宗教抗争や政治的軍事的な紛争の臭いを放っていた。

二十世紀には物理学や、生化学も、医学も、科学全域にわたってコペルニクス的な変化発展を遂げたが、文学研究や歴史学のような人文や社会科学はそれほど伸びなかったとする人があるかもしれない。しかし日本研究という分野に焦点を合わせれば、その成長ぶりは際立って見える。研究者が増え、日本の知識は大幅に進み、日本学の体系は伸び、大学も機構を変えた。日本研究プログラムを持つ大学の数が何百となく増えた。日本語や日本文化を教える小学校や、中学、高校が珍しくない存在になった。研究の進展した数例を挙げれば、源氏物語。あの長編が世界有数の偉大な作品として何度精読され、何冊何十編の研究に実っていることか。別々の三人の訳者による三種の全巻の文学的完訳だけ見ても、他国のどの文学作品の扱いにもあまり見られない、高度に精微な成果である。他の物語でも詩歌でも劇でも現代作家でも、研究対象にもれ、一度も翻訳されてない作品はないのではないかと思われるほどである。そして、日本の講座形式の合同文学史と異なる、一人一視点による日本文学の歴史が書かれたし、一九八〇年代という時期には、すでにそれまでの日本研究の成果が『Encycropedia of Japan（日本研究百科大事典）』九巻としてまとめられた。百科大事典はハーバード大学にいた板坂元の企画と精力的な編集で、歴史、社会、政治、経済、地理、法律、芸術、文学、科学などの日本に関連あるあらゆるトピックについて、アメリカのみならず、世界の日本研究の権威者の参考文献付きの解説約一万篇を集成している。

＊＊＊

アメリカの大学は、先進の西欧の大学の形態や研究教授の方針ややり方をモデルとして作られたので、そのプログラムはメソポタミアやエジプト、ギリシャやローマの文明、中世紀の国々の興亡や美術の興隆、ドイツの法制度やイギリスの経済理論などを中心に据えてきた。言語教育はラテン語を重視し、博士課程の学生にはドイツ語とフランス語の読解力を必須の条件としていた。日本研究はおろか、日本語もその視界になかった。

そのようなアメリカの大学は、カリキュラムに改訂を加えた。すでに一九六〇年代からハーバード大学とシカゴ大学は西欧中心の世界観に基づいた教育を批判し、西洋と東洋だけでなく、世界の他の地域の文明と文化に均等な知識と理解を持った人間の形成を目指した教育を唱えていたのだが、他の大学での教育理念の変革は徐々にしか起こらなかった。ハーバードとシカゴのアンダーグラジュエートのカリキュラムは、狭い専門別に分かれた旧態を破って幅広く斬新であるが、他の大学で取り上げるには少々難しすぎるとみられたようだ。しかし、地域研究の進展と世界情勢の変化に従って、多くの大学がカリキュラムの改訂に踏み切った。徐々に、日本歴史や文化のコースは、アメリカやアフリカの歴史や、中近東の地理や宗教史のコースと並んで、カリキュラムの中に対等の場所を与えられた。今、アメリカのどんな大学の学生でも、西欧以外の何らかのコースを取ることなしに卒業することはないだろう。そして、日本文化のことや日本語を少し知った学生から、世界史の観点から日本を知る本当の知日家までの、いろいろなアメリカ人が育っている。

今後も、アメリカの日本研究は世界の変化につれて変容し、進歩するに違いない。たぶん、極東以外の地域—たとえば東南アジアや、アフリカ諸国、イスラム文化圏域—の研究プログラムはさらに強化されるだろう。将来、日本研究の比重はどう変わるだろうか。

女性

「アメリカの中の日本」というテーマに当てはまる女性のうちに、ルース・ベネディクト（**Ruth Benedict**）を抜かすわけにはいかない。彼女が一九四六年に出版した『**The Chrysanthemum and the Sword**（菊と刀）』は驚くばかりに総合包括的な日本文化論で、アメリカの日本研究に多大の影響を与えた。アメリカの日本占領政策にも教えるところがあった。それはわたしが極東研究の学生だった一九五〇年代にはすでに古典的な文献で、日本の教育と倫理についての講義でも、戦後の日本についてのセミナーでも、学生の集まりでも、常に引用されたりディスカッションの種であったりした。日本人が持つ恥の感覚に注目し、それが罪の感覚より重大なモラル・ファイバーとなって文化の底辺にあり、そのうえに日本の「世間」や家庭や社会の人間関係が複雑な絆でつながる層状になっているという観測は、原罪の意識に親しい西欧の宗教を背に持った学生には奇異であったが、同時に対照的で分かりやすかった。それで彼女の紹介した「義理人情」という言葉が学生の間でほとんど合い言葉のようになり、講義ノートを半日貸借したときなど、「**I owe you a giri**（君にギリができたよ）」と言っていた。このベネディクトの労作は、日本でも文化人類学者や社会学者に注目されて、早々に和訳されて広く論議された。それは、後、アメリカの研究者も注目した数多くの日本人による日本人論が現れるきっかけとなったのではなかったか。

ベネディクトは、一九二三年にニューヨークのコロンビア大学で人類学の博士号を取得、同大学で教授になったが、学問的興味はアメリカ、日本というような特定の国の人とか地方というより、広く人類の文化とその影響ということにあった。そしてアメリカ・インディアン社会や、ヨーロッパの文化現象を研究していた。『菊と刀』は、第二次世界大戦中のアメリカ軍事情報局での仕事で、まず敵としての日本人の忠誠心や熱狂性や尊大さや頑固さなどの指摘と批判を含んでいる。当時は、人類学者が日本と日本人を研究するための資料は少なく、あっても古かったうえ、実地研究の機会も限られていたので、彼女はそのとき、西海岸の諸州から僻地の収容所に入れられていた日本人をインタビューすることによって日本人と日本文化の特徴を探り、大部の本に組み上げたのである。いろいろと反論もあろうが、それはなおかつ半世紀古い日本研究の金字塔というべきで、日本に関心のあるだれもが一度は参考に読むべき本だ。

坂西志保のことも極東研究の学生時代に知った。ちょうどそのころ、ドナルド・キーンが編纂出版した『Anthology of Japanese Literature（現代日本文学選集）』に、彼女が選んで訳した石川啄木の短歌十一首が入っていた。それはやや自由訳であったが、わたしは坂西を偉いと思った。同級生たちも彼女の訳から啄木に興味を持ち、キーン訳の「ローマ字日記」をあわせ読んで、青春の純情と詩人の赤裸々な肉欲の悩みのことなどを話した。坂西は現代短歌を英訳したいわば最初の人で、一九三〇年代に啄木の『一握の砂』、晶子の『みだれ髪』、伊藤左千夫の『牛飼いの歌』をボストンの

Marshall Jones社からたて続けに出版した。啄木がポピュラーになり、いろいろな訳者が数多くの別訳を出版したのは、それ以後のことであった。

一九三〇年にミシガン大学で美学博士号を得ていた坂西は、卒業後どんな志望を持っていただろうか。結局、彼女はワシントンの議会図書館で日本の資料を収集する仕事をした。英訳短歌の出版は、その期間の労作であった。大事な仕事は続いていたが、第二次世界大戦が始まったとき彼女は日本に帰らなければならなかったのである。日本では、教育と社会の改善に常に関心を持ち、民主的な道理を通したことは周知の事実であろう。その進歩的な論説は、日本在住のアメリカ人日本学者のサイデンスティッカー（Edward Seidensticker＝スタンフォード、ミシガン、コロンビア各大学教授、源氏物語などの翻訳者）との親交をもたらした。彼女は有数のフェミニストでもあった。このように多才な人が戦中から戦後の「日本ブーム」までワシントンに居続けていたら、アメリカ側も助かる面があったに違いない。

図書館の仕事といえば、坂西志保の後、大勢の日本女性がアメリカの日本書のコレクションに貢献した。特に大学に日本研究のプログラムが興った一九五〇年、六〇年代には、大学が競争して日本研究資料を増やしたので、図書館学（今の図書館情報学）の学位取得者で日本語のできる者は、比較的容易にそのような大学で職に就くことができた。日本旅券の持ち主でも図書館の仕事のためにはアメリカに特別滞在の資格ができて、卒業後十八カ月はアメリカにとどまれた。それで、進取の気性に富んだ日本女性は、それまで中国からの留学生が通常やっていたようにアメリカに居残るようにした。

今アメリカの方々にあるアジア研究図書館に保存されている驚くほど大量の日本書籍は、たいていそのような日本女性の手に掛かっている。一方、図書館学修了後帰国を選んだ日本女性たちは、遅れていた日本の図書館の成長を助け、専攻学科として日本にはまだ新しかった図書館学の発展に力を貸した。帰国者の一人、福田直美は六本木の国際文化会館の図書館長になったが、しばしばアメリカの日本蔵書を訪れ、アメリカの図書館学を生かして日本の参考図書の解説目録を作り、その英文版をアメリカ図書館協会から出版した。図書館学はその本質上、他の学問の補助学という性格を持つが、各学問の研究のための基本書である参考図書を総括して、しかも解説を付けて出版する仕事は、図書館学を一本立ちの学問の分野として確立すると同時に、図書館の実務も各分野の研究の実役も補助する。また福田は母校ミシガン大学の日本研究所で仕事し、アメリカおよび西欧の日本歴史や社会学研究家に必須の文献目録なども精力的に編纂した。

女性日本学者や日本研究家がいる。大勢いる。大部分は白人だが、日系アメリカ人や、中国系や韓国系アメリカ人もいる。日本人との混血の学者もいる。みんな厳しい大学院で長い日本研究のプログラムを終え、博士論文を書いた秀才の努力家たちである。彼女らの多くは、また、すぐれた翻訳家でもある。深遠な能曲の理論を論じる日系アメリカ人がいれば、能楽を演じたりするブロンドもあり、芭蕉の研究を専門にする中国系アメリカ人があれば、宮沢賢治の思想分析をしたり詩を解釈したりできるブルネットがいるといった具合である。そして、そのような日本学の女性学者に伍して活躍するアメリカ永住組（？）の日本女性がある。彼女らも同じ大学院出身で、論文を書き博士号を取得している。彼女らには、優れた頭脳と広い教養に加えて、生来の日本語という強みがあるので、それらを縦横に生かして、読みにくい江戸文学や幸田露伴などについてユニークな研究をし、論文を書き、本を出版する。学界の一勢力である。また、アメリカ永住組ではないが、中根千枝は、パーフェクトな英語による講義やその著作、特に『タテ社会の構造』で、アメリカの日本研究にインパクトを与えた。彼女の、日本の会社や企業の中に人間や仕事関係を系列的に見る解釈は、アメリカの経営学や企業経営者にも参照された。タテ社会論は、ベネディクトの日本の社会にハイアラキーを見る論と比べられた。

ヨーコ・オノやミドリのような人がいる。ヨーコ・オノにはまだ人気の衰えないビートルズの一人、故ジョン・レノンの妻としてのイメージが定着していて、彼女が芸術肌の日本人と知らない者がいる。ミドリこと、五嶋みどりも、日本の苗字を使わないで国際的なバイオリニストとしての名声が高いので、案外日本人として知られていない。ミツコ・ウチダも、モーツァルトと直結している世界の演奏家で、演奏を見ても（聴いても）日本の女性ピアニストと気づかれない。舞踏家の**Eiko & Koma**も知る人ぞ知るだろう。ハワイからの下院議員ミッチー・ミンクは有名人だったが、結婚して　名が変わっていたために、名前だけでは日系の女性だと分からなかった。**ABC**（**American Broadcasting Corporation**）テレビのニュース番組でアンカーとして活躍する女性は、秋田県の女性を母親としているというが、姓名ともに英語名だ。別の天気番組担当の女性は古典的な日本のファースト・ネームを持つが、風貌は日系と分からない。ユカ・サトーや、ヨーコ・イナや、クリスティー・ヤマグチのような女性は、彼女らの国籍に関わらず、コンペティションのときテレビでそうと紹介するので日系人として知られている。

日本の苗字を持たない日本女性が増え、日本の苗字を持つ白人女性も増えた。日本の苗字とアメリカやその他の国の人の苗字とをハイフンでつないで新しい苗字にする女性がある。日本の苗字をミドル・ネームに使う女性がある。フェミニストは結婚後も旧姓を保つことによって、自分のアイデンティティーを社会に示している。が、その子どもの姓は自分のものにするのか配偶者のものにするのか。そして、そのファースト・ネームはどんな名にするのか。子どもたちが血のうえでは半分だけ日本人という例はざらにある。アメリカではたかだか数十年の間に、皮膚や目や髪の色や顔形や姓名で人間のルーツを推測することが不可能になってしまった。このことは、アメリカのるつぼ的な溶解が文物だけでなく女性にも起こっていることを示唆しているようで、うかつ者を唖然とさせる。社会学者は日系女性についてすでにそのようなことは統計的に調べていて、確かな研究を出しているようだ。

国際的な知名人はいざ知らず、人種的にも、宗教的にも、政治や経済的にも複雑雑多で振幅の広いアメリカ社会で生活し、考える力を養った人間はだれでも、いつかアイデンティティー・クライシスに当面することになる。親から受けた顔や礼拝の習慣や生活の様式や考え方や言葉などを持つわたしとは何か、という質問に突き当たり、その解答の難しさに悩む人間成長過程上のクライシス（危機）である。それはもちろん女性に限らないが（そしてアメリカだけに限らないが）、たとえば、日本からの一時滞在女性が子どもを産んで、その子をわざと二重国籍者にするという場合がある。そのことを報じた日本語の記事によると、母親が子供の「将来のため」にするということだった。むかしはアメリカ医学や医療制度が日本女性に信頼されず、また日本女性がアメリカの病院に慣れないという理由で、お産は一時里帰りしてすませ、それから赤ん坊を連れてアメリカに戻ってきていたものだ。そんな昔に比べると、アメリカでお産をしてアメリカと日本両国に出産届を出すことによって、二重国籍の子を育てようとする女性は随分進歩したように見える。が、二重国籍は「将来のため」よりも「将来のクライシス」の創造になるのではないか。メリーランド州の殺人容疑者が二重国籍を利用して、自分の裁判前に「もう一つの母国に帰って」しまって国際問題になったケースもあった。

二重国籍者や混血者であってもなくても、あるとき自分の住む国と親の国や、親の親がアメリカに移民してきた元の国との間に戦争という大事が起こることがある。日本が真珠湾を攻撃した日、カリフォルニア生まれでカリフォルニア大学を卒業していたある日系アメリカ女性が、親戚を訪ねて日本に滞留していた。それが仇となった。彼女は帰国の手立てを失った。それで彼女は初めNHKにタイピストのような仕事で勤め、それから同様に帰国不可能の目にあった他の数人とともに対外国放送の英語アナウンサーになるのである。放送の内容は、アメリカ軍人の戦意をそぐようなものであったことが想像される。電波に乗った彼女の声が南方の戦線に届き、疲れたアメリカ兵たちを魅了したという伝説がある。彼女は兵士たちに東京ローズというニックネームで覚えられたが、その名のために戦後すぐにアイデンディティーが明らかにされ、一九四五年の十月には早々と米軍によって逮捕された。この女性は三年後にはアメリカ法務省から反逆罪で裁かれ、六年の刑に服した。

それからずっと後、わたしはシカゴのある店で元東京ローズを見かけた。小柄な婦人だった。わたしは彼女の場合を、第二次世界大戦中に右翼思想家や作家として活躍した人たちが戦後すばやく変節して、『近代文学』誌に拠った批評家たちに厳しく批判された場合と比べてみた。どちらにも保身の必要があり、大きな政治的心理的また精神的なプレッシャーがあっただろう。どちらも取り戻すことが不可能な、歴史の被災者である。フォード大統領が、反逆罪裁判のとき証人に偽証があったという理由で東京ローズを全面赦免と決めたのは、シカゴの店での遭遇からさらに十年ほどたった一九七七年になってからのことであった。

ところで、日本の戦争花嫁はどうなっただろうか。彼女らは戦後どの日本人よりも早くアメリカに住むようになったが、その大部分はアメリカの教育施設で再教育を受けることもなく、またアメリカに重要な影響を与えることもなかったようだ。戦争花嫁には英語で「War bride」という熟語が存在し、その言葉には差別的な意味合いはないのだが、彼女らとおぼしい日本女性に遭遇すると、なんとなく避けるような、自分で差別されたようなそぶりをすることが多いので、それでかえってウォー・ブライドかと推断するのだった。それと、そんな人はたいてい一人ではなく、すぐ元軍人だったと想像できるような年格好の男性と一緒だった。後年、日本から来た雑誌は、戦争花嫁はアメリカに行ってみるとハズバンドは田舎の小さな家の出身で、ハリウッド映画で見たアメリカ生活の片鱗もなくていたく失望し、そのうえ言語の不自由が高じて不幸な結果に追いやられるケースが多いと報じていた。それが事実のニュースか推察記事か分からなかったが、おそらくそのような事実もあったろう。実際に戦争花嫁と思われる女性に出くわしたのは一九六〇年初頭くらいまでで、日本からやって来る日本人の稀な時代だったが、そのだれとも話したことはなかった。

極東研究をやる級友や同僚の中には、日本進駐とかマッカーサー司令部勤務の経験があって、日本女性を配偶者としている者がいた。彼らは将来日本学研究者になる学生として、日本語の知識を借りることができるような女性を選んで妻としていたようだった。そんな女性たちも戦争花嫁の範中に入るのではないか。一九五〇年代、六〇年代に友人のパーティーで会うそんな「花嫁」たちは、幸福で楽しそうだった。

資格とか経験とかディプロマ（高校や職業学校の修了証書）の所持、不所持をやかましくいうアメリカの社会で、人並みに満足して生きていくことは、女性にとって（男性にとっても）決して楽なことではない。戦争花嫁たちの多くは、たぶん満足できる職には就けなかっただろう。言葉にハンディがあれば、なおさらである。だいたい、当時はアメリカの社会もまだ女性に開けていなかった。医師と弁護士で代表される、いわゆるプロフェッショナルと呼ばれる職業婦人はあまり多くなく、そんな女性たちが増え、女性社長や重役が活躍し、女性が一般職業の就労人口の半分以上を占めるようになったのはしばらく後のことであった。医師、歯科医、土地家屋の売買貸借専門家などになっている日本女性の名前を新聞や雑誌で見るが、それはいわゆる成功した人たちの部類だろう。日本語のできる医者や土地家屋専門家は、日本の企業や商社が社員を家族ぐるみでアメリカに赴任させるようになった一九七〇年代以降、いつも忙しく、大変実入りが良いのだと聞いた。

また、アメリカの新聞の広告欄には、「Tokyo」とか「Atami」とか「Sapporo」というような日本の地名を付けた店の宣伝が載ることがある。それらの店は通常マッサージ・パーラーで、日本女性と関係があるらしい。あるレポーターによると、そのようなパーラーはアジア系アメリカ女性のいかがわしい経営で、警察が取り締まりに手を焼いているとのことだった。別のレポーターは、そのような店にいる女性の多くは東南アジアからの新移民だと解説していた。そうとすれば、なぜそんないかがわしい店に日本の名前が付くのか。日本の歓楽を知る客が多いという理由でもあるのか。そして、あるアメリカ駐在の日本ビジネスマンのための日本語刊行物にも、似たような性格の広告があった。それは「一人っきりではいや！」というキャプション付きで、「友達？　恋人？　それともヒミツの関係？」の日本人女性に通じる無料電話番号が載っていた。「日本人女性」とはっきり書いてあった。アメリカの中ではこの辺りに、零落した女性たちがいるのかもしれない。

ロサンゼルスやシカゴのような日本人の多い大都会には、日系人が建てた日本人向けの養老施設があるが、希望する老齢者はだれでも入居できるのだろうか。とてもそんなことはない。一九七〇年代の半ば、あるシカゴの施設にわたしの母を知っているという婦人がいたので、訪ねたことがある。市内にしては贅沢な広さの日本庭園が付いた高層の施設だった。飾り気のない部屋の棚に小さい仏壇があった。わたしの手土産がすぐその仏壇に供えられた。七十何歳かのその一世婦人は、ソファーの上に正座して、手作りの五目ご飯を勧めてくれた。古い日本の素養と習慣が生きていた。聞くと、その施設の入居費は当時でも高かった。婦人は未亡人だったが、息子が経費を負担していた。日系一世がだんだんと減ったので、施設維持のためにお金持ちの韓国系の老人にも入居してもらっているとのことだった。

日本人のいるどこの都会にも、そのような日本人専用の整った施設があるわけではない。ワシントンにはない。何かにつけ政治的なワシントンに定住を決めるほど、物好きな日本人はそんなにいないということもあろう。一般には、日本は比較的犯罪も少なく、安定した住み場所であるという認識もある。特徴ある日本語なまりの英語で何か論議している老人カップルを見るが、そんな人たちは例外的なワシントン人である。同じアジア系でも、変動の中国や韓国を逃れてきた人たちはチャイナ・タウンやコリアン・コミュニティーをつくって、そこの施設に老人も子どもも住んでいる。

商店街やマーケットなどでは、赴任家族らしい日本女性を見かける。日本語で子どもたちに話し掛け、何か説明などしている。わたしは、日本人の知的レベルが高いのは、そのような母親のコンスタントな教育があるからだとつくづく思う。だいたい、同年のアメリカ女性はあまり子どもを連れて歩かないし、子どもに話して説明するような手間をかけないのではないか。教育は自分たちの税金でつくった学校と先生の責任、と割り切った人が多いアメリカである。

しかし、首府ワシントンともなればさすがである。たとえば、ある講堂で稀に上映される日本の古い映画にインテリ顔の白人や黒人の女性がわざわざ来ている。職場の平等問題などを小声で話している。なぜか、同様な男性は来ていない。ワシントンの不思議である。日本人のインテリ女性はそんな古い映画は卒業しているらしく、講堂などではあまり見かけない。大学院レベルの教育を終えたというような日本女性たちは、官庁や大学や企業や諸種の機関などで活躍している。そんな人たちが集まり、グローバル・ビジョンをうたって勉強会を開いていると聞く。日本女性シンク・タンクかと思う。また、日本食の食べられる養老施設をつくるプロジェクトがあるとも聞いた。味噌汁と漬け物の嗜好はワシントンでも消えることがない。それらの女性たちは（配偶者たちも、また有志たちも？）、新着の短期滞在の日本人家族のグループと協力して、子どものための補習学校や大人のための図書室を運営する傍ら、日本人シニアーを援助する計画も進めているらしい。このような集まりや運動は、他の都会でも活発であるに違いない。

オハイオ州の町でもそのような人々がクラブを作っていた。一九八〇年代には活発な日本女性のリーダーがいて、日本語ができなくても日本に関心がある人たちみんなを受け入れた。日本語のおぼつかない二世婦人や、黒人軍曹と結婚している小柄な婦人や、その軍曹や、軍曹夫妻と関係ない日米混血青年や、配偶者と別れた日本婦人と彼女のボーイフレンドや、ホンダに部品を納入している会社経営者や、日本からの新来の人たちや、様々な人がクラブ員だった。そのクラブが町のインターナショナル祭には場所をもらってクラブ名ののぼりを立て、日本航空や交通公社からもらったポスターを張り、日本紹介のパンフレット類を用意して、串焼きやいなりずしなどの食べ物や、風船や折り紙の類を売った。書道のデモンストレーションもやった。女性会員は浴衣にたすき姿で、日本クラブはどの国より好評だった。新年には新年の集まりを持ち、おせちを持ち寄り、有志が剣道のデモンストレーションなどした。ある年の会には、日本留学の経験のある学生がきれいな着物を着て来てくれた。この学生は今医者になって、医者が癌患者の家族に対処する方法がアメリカと日本とでどんなに違うか比較研究している。

このようにアメリカにおける日本や日本人や日本製品のイメージが向上して、好意を持って迎えられているときでも、日本政府にクレームを付けた女性の一団があった。それは第二次世界大戦中の出来事に関するもので、アメリカ在住の元コンフォート・ウーマン（慰安婦）であったと名乗る女性十五人が、アメリカ最高裁判所で日本政府を相手取って損害賠償請求の訴訟を起こしたのである。これについては、結局裁判所側が却下することになったのだが、アメリカは広く、そこには種々雑多な群衆があるということだ。アメリカの中には日本をこのように記憶し、日本に嫌悪感を持つ人々、また日本にそんなこともあったのかと見直す人々が存在する。

そのようなアメリカに永住を希望する日本女性に出会うことがある。日本に見切りをつけてアメリカに永住しようとする男性は少ないが、女性の永住者や永住希望者はかなり多い感じだ。男性にはキャリアとしての役所や会社の仕事があって女性にはない、という古い考えが日本に残っているためだろうか。年代順にみると、まず戦争花嫁だが、彼女らの同時代かその次の代に選ばれて留学した女性が、修学後に図書館や研究所のようなところで専門職に専心するケースがある。在学中にアメリカ籍の学生や町の男性と結婚して定住している人たちもいる。その中に、日本語の教師になって尊敬を受けている人たちがいる。その人たちのおかげで、専門学者が自分で日本語教師も兼ねなければならなかったアメリカの日本研究の初期の時代が過ぎていったのだったが、一九九〇年代になると様子が変わった。先に日本語教師になった女性たちのまた次の世代の日本女性が、アメリカでの日本語教師という新天地を目指して続々と到来したのである。どんな宣伝があってそんな流行ができたのか、新天地を目指して到来する人はほとんど若い、これから教師経験を得たいという女性ばかりである。その女性たちは、日本語教師養成に特に興味と資金を持つ大学や施設で勉強をしたり訓練を受けたりして、大部分が大学やその他の機関の日本語教師の職に就いてアメリカにとどまっている。そして彼女らは、アメリカ男性の結婚相手を見つけたい、日本女性にとって日本は住みづらいし、日本の男性はつまらないから、と大胆率直に述べる。戦争花嫁たちの時代に比べて、留学の方法も、移民法も、パスポートの査証などもたいへんゆるんでいたようだ。このようにしてアメリカに永住する日本女性は、結果的には日本の労働力や男性に損失を与えているが、アメリカの男性やアメリカの知能レベルには福益を与えているといえるのではないだろうか。

＊＊＊

デニソンという大学は小さくて、日本研究のコースも日本語のコースもない。その大学のある田舎町に日本女性がいた。そのことを、わたしはキャンパスを訪ねていて偶然に知った。ちょっとした丘に建つ中央図書館の斜め裏に小さな墓地があり、そこに、思いがけなく日本名を刻んだ石碑を見つけたのだ。それはその大学の数学の教授だった人の墓だった。わたしの胸を打ったのは、その横に造られた教授のと同型の小さめの石碑であった。同姓の女性の名が刻んであり、没年だけブランクにしてあった。今存命なら、百歳を越える勘定になる女性である。墓地は開放的で柵もなく、教室のある建物に通じる小路に沿っていたから、わたしの他にも、デニソン大学の職員や学生や訪問者は、何千回何万回となくその墓の前を通ったに違いない。

男性

「女性」を書いてしまったので、続けてこの「男性」を始めた。章を分けたことについては他意はない。優れた日本人、日系アメリカ人、日本関係の人の中で、女性をキラ星とすれば、男性は高峰の山脈である。

高峰は日本研究の山系で特に目に付く。山系は過去に延びるが、五十年くらい前の日本研究者は多くが男性で、まず彼らが男女の学生を育てた。大学院レベルの話である。女性学者はだいたい一九六〇年代ころから増え出す。英文学の俊英が日本詩歌の特殊性にひかれて、日本研究の分野に踏み入り、高峰を築くことになるケースもある。それらの傑出した若い第一世代はすでに退官の年齢を越しているが、多くはまだ健在で、彼らの学生、そのまた学生の学生も教授クラスとなって活動しているというふうに、三代目または四代目の男性や女性の研究者が層をなしている状態である。その中にはもちろん、日本の文化遺産を背負う日系のアメリカ人や日本人の血を受けた混血の学究もいる。大学院の課程で失敗した人は脱落した。無事課程を終えても大学や研究所での就職は難しく、職に就いても昇進に問題が起こったりして、研究分野から離れていく人もあった。

一九五〇年代の半ばごろ、わたしは「極東の歴史」のクラスで初めて朝河貫一の名前を聞いた。封建制度の定義について論議しているときであった。教授は朝河のヨーロッパと極東の封建制度の比較研究を挙げて、騎士の主従関係と地主と小作者関係に基づく土地制度の仕組みの違いについて説明した。後で知ったのだが、朝河は東京専門学校（今の早稲田大学）の出身で、十九世紀の終わりに渡米してダートマス大学で勉学、イエール大学で大化の改新の研究をして、一九〇二年に比較法制史学の博士号を受けた。その後、母校で主にヨーロッパと極東の歴史を研究教授し、日清、日露の戦争についても優れた著作を残した。

「極東の歴史」の授業の後、コースのために教授が指定した必読図書が置いてある図書館の勉強室に行ってみると、朝河の『Documents of Iriki（入来文書）』という鹿児島藩の古い家の記録の翻訳解説があった。学生はその本を参考に見るだけでよかったのだが、後年になって考えてみると、当時のアメリカの日本歴史学の一学派を、中央政権の制度史研究を中枢とする学派に対して、下部の歴史に、地方史に、民衆の歴史に向けさせたのには、朝河の地味な業績の影響が大きくあったに違いない。それと、熊本県の一農村を研究したエンブリー（John Embree）の『Suye Mura（須恵村）』という業績があった。ミシガン大学の日本研究所がまず岡山県に支所をつくり、一農村の藩政時代の土地制度を中心にして、庶民生活一般を研究したのにはこのような背景がある。わたしはある夏休み中、「極東の歴史」の教授と岡山大学や東大史料編纂所の教授が集まって、池田藩の古文書の写しを調べる仕事の筆耕として働いたことがある。大きい部屋だったが、冷房がなかったので四人の男たちは汗だくで仕事をした。

わたしはずっと後年、一九九〇年代になって、あるエッセイが朝河について言及していることに気づいた。プリンストン大学の高名な歴史学の教授が彼の業績をたたえ、イエール大学が朝河が六十三歳になるまで正教授にしなかったことについて、やや批判的にまた同情的に書いていた。朝河がアメリカの東部の大学で勉強した二十世紀の初頭には、大学にも学界全体にも、日本人の姿は稀であった。(国は違うが、ほぼ同時代にロンドンにいた夏目漱石の留学経験を思い出してみればよい。)そのとき、朝河一人が七世紀の日本の歴史を研究するための原資料を日本から持ち込み、論文を書き上げ、最高の学位を得ることは極めて難しかったに違いない。学位を得ても、それが西欧史学研究中心のアメリカ学界への無条件のパスポートとはならず、昇進が遅れた事情が想像できる。彼が広い知識を持ちながら謙虚な人柄であったことは、彼の一九〇九年の日本語による著作『日本の禍機』の論調や文体に窺われるようだ。彼の蔵書は朝河文庫としてイエール大学図書館に残っている。

「極東の歴史」の教授は、自分の先生であるライシャワーの『Japan, Past and Present(日本、その過去と現代)』を第一教科書に指定していた。第二次世界大戦直後の一九四六年に出版されたその本は、古代日本から軍閥の台頭と敗戦までを扱う、当時有数の日本全史であった。ちなみに、ライシャワーがハーバードで書いた博士論文は、九世紀比叡山の最澄のところから唐に渡って、多年密教を学んだ僧円仁の研究であった。その後の著作にも表れているが、ライシャワーは、一人の人間や一つの国が他国の思想や文化を受け入れたり交流したりする過程と、その結果に多大の関心を持っていたようだ。また、彼には『十六夜日記』や『平治物語』などの翻訳研究もある。そんな学者が、日米安全保障問題の雲行きが怪しいころの一九六一年、ケネディ大統領によって駐日大使に任命された。めでたい任命だという声の反面、学界にとっては損失ではないかという声もあった。

「極東の歴史」コースの第二教科書は、『Japan: A Short Cultural History（日本文化小史）』という大判の本だったが、それはイギリスの駐日外交官からアメリカの、いや世界の、日本研究山系の高峰となったジョージ・サンソム(George Sansom）の著作である。一九五〇年代に大学院で使われ、名文で書かれた日本文化史として今も読まれる本が、一九三一年に出版されていたとは驚きである。一九三五年には彼は爵位を授けられている。サンソムはそれからも日本研究の著作を次々と世に出し、世界中の学究に知識を授けた。戦後になってニューヨークのコロンビア大学の教授になったので、彼の名は長くコロンビア大学と結びついていたが、彼は晩年になってスタンフォード大学に移り、そこで最期の大著『A History of Japan（日本全史）』全三巻を、病と闘いながら書き上げた。この大作は初めの文化史と異なり、政治制度を中心に据えて、より総合的な日本史となっている。

角田柳作も、コロンビア大学と結びついた日本研究学者である。彼がウイリアム・セオドー・デバリー（William Theodore de Bary）とドナルド・キーンという、彼自身が育てた新鋭の学究と共編出版した『Sources of Japanese Tradition（資料：日本の伝統）』は、アメリカの日本理解に必要な、時を得た著作であった。それは、日本という国について書かれた、思想や宗教や文学やその他あらゆる分野の原資料、つまり日本に初めて言及した古代中国の史書から亀井勝一郎や長谷川如是閒の現代日本の著作に至るまでを、抜粋翻訳して集大成した基本的な権威書である。大部のその本をひもとけば、原初から現代までの日本と日本人の思想を英語で通観できる。一九五八年に出版されて以来、はたしてその本は日本研究者の間ではバイブルのようになっている。

角田も朝河と同じく東京専門学校の出身で、日本で英語を教えていたが、一九〇九年にハワイ中学の校長の職に就いた。後、コロンビア大学で教育哲学のジョン・デューイ（John Dewey）に師事し、日本の文化を知る必要に目覚めた。そして、日本で資金と書籍を集め、一九二八年という早い時代にコロンビアに日本研究のセンターをつくり、そこで『Sources of Japanese Tradition』に入れたような日本の古典を教え、アメリカの日本研究のリーダーとなる学生たちを育てた。エドワード・サイデンスティッカーも、いわば門下生としていた。角田が集めた日本の書籍が、コロンビア大学の芯の固い日本蔵書の基になっている。

＊＊＊

ドンコツさんと呼ばれる年寄りの日本人がいた。ドンコツさんは、シアトル市内の病院の掃除夫だった。わたしもその病院の掃除夫のような仕事をしたので、彼はわたしの先輩、職場の長老であった。病院は七階建ての大きなもので、ほかにもかなりの数の日本人がほぼ同じような仕事を得ていた。ドンコツさんはいつもモップを持ち、重いバケツを押して、わたしと同じ五階の外科廊で仕事した。看護隊員として南方戦線に従軍していたという噂のある翡翠色の目の婦長がその階の監督で、徹底的に厳しかったので、わたしたちはあまり私語をしなかった。一人の外科医は横浜の米軍病院にいたという噂だったが、口をきかない人だった。わたしが感心したのは、ドンコツさんの際立った精勤ぶりももちろんあるが、たまたま下の階で働く日本人から聞いた話である。ドンコツはあだ名ではなく、川柳の号であり、彼は川柳誌を編集出版したことがあると。わたしはドンコツさんに会った機会にそのことを確かめた。キャンプ（対日戦中、アメリカ政府が日本人と日系アメリカ人を収容した遠隔の地の粗末な施設。「記念碑」参照。）生活の暇つぶしに愛好者が集まって、ガリ版印刷を覚えて雑誌のようなものを出したことがあるとのことだった。早速その雑誌を所望すると、いや大学校を出られたような方にお見せするようなものではありません、とへりくだられた。カリフォルニア大学のロサンジェルス校やバークレイ校にあるアジア系アメリカ人の歴史研究所とか、西海岸にある研究図書館や記念館には、そのようなアメリカの中の日本人の歴史そのものである雑誌や出版物が保存されているだろう。また、名前のドンコツは「骨を呑む」の意かと思っていたら、いや日本の田舎の川にいる小さいなまずのような魚です、と答えた。わたしは、彼の名前には二重の意味が秘めてあるのだろうと推断した。

この病院の賦役を辞めてミシガン大学のあるアンアーバーに行くことにしたとき、ドンコツさんに五階の廊下の隅で挨拶した。そのとき彼は、大学に提出する健康証明が要るなら、息子が市内で医者をしているからそこへ行ったらと言ってくれた。わたしはそのときまで、ドンコツさんに医者の息子があり、老いて掃除夫までして働く必要もない人であることをつゆ知らなかった。そして、わたしはおいそれとどんな医者にでもいけるほど楽な経済的境遇にはいなかったし、健康にはまったく自信がなかったのだ。ドンコツさんの二世は、わたしの身体を診てくれ、診断料を受け取らなかった。そして、中西部は寒い所だから健康に気をつけろと言いながら、大学の書類に署名してくれた。

だんだんと分かったことだが、アメリカの日本人一世たちはほとんどみんな一人以上の自慢すべき息子を持っていながら、自慢しなかった。多くの場合、教育のなかった彼らは、身を粉にしてという表現は普通だが、屈辱を噛みしめて人の嫌がる仕事をして生活費を稼ぎ、毎日節約してわずかずつ貯金し、二世たちに教育を与えた。だれでも大学はおろか高校にさえ簡単にいける時代ではなかった。「ナイト・スクール（夜学）」という言葉が日本人移民たちの日常語で、ある人々は一日の仕事を終えてから普通課程ではない学校で英語や市民学を習った。また、「トラスト（信用）」もよく聞いた言葉で、だれも恥ずかしくないように生きてアメリカで信用を得ようと心掛けていた。一世の日本婦人たちが表に出る職に就けず、家庭にいることが多かった時代、男性たちが頑張って、いま教育国日本で母親が果たす役割を務めたように思われる。

尊敬に値する謙虚で勤勉で健康な一世の日本人男性には、一九七〇年代でも会うことができた。わたしは運よく職を得て、またアメリカ大陸を西に横切り、太平洋岸に面した州に住んでいた。日本からの移民が最初に大勢住み着いた州である。そこで機会があって、セーラムという町の近くに住む、七十四歳になる農夫のところへ話に行ったことがある。粗末というよりまったく必要品だけをそろえたという感じの清潔な小屋だった。ドンコツさんと同じような作業服を着た、背筋の伸びた人だった。彼の口から出る移民時代初期の生活の不慣れさと苛酷さ、貧困と不安定感、日本人同士の助け合い、県人会の結成、仲間同士の競争と犯罪、女たちの家事の不自由さと自由さ（係累のないための付き合いの自由さ）、ある年降った雪の深さ……。彼はただ毎日言われた通りに林を開き、畑地に変え、小屋を建てた。健康が一番の喜びだったという。このような老人の話も研究所や資料館に記録されて残っているだろうか。現今、戦争中の日本人と日系アメリカ人の収容キャンプを、憲法や人権擁護の立場から悪し様に言う人が多いが、この農夫はアメリカの待遇に感謝していると言った。キャンプの生活の方が身体は楽だったそうだ。わたしは禅僧とはこんな人のことだろうかと思ったが、実は彼はクリスチャンだった。戦後キャンプから解放されて帰ってみると、同じ教会に通っていた隣の白人家族が家も家財もそのまま守っていてくれたので、帰農に何の不自由もなかったと言う。その隣家は窓から見えない距離だった。奥さんはいたが、子どもはなかった。もしいたとしても、今のボーイは町に行ってしまうだろうと言った。

さらにくだって一九八〇年代になっても、日本人の一世に会えた。その男性は杖をついてデンバー市のサクラ・スクエアーと呼ばれる日本商店区画の小広場に立って、真ん中にある銅像を眺めていた。背格好も黒ぶちの眼鏡をかけたその顔もわたしの父に似た、父のようにもうゆっくりしか話せないような老人だった。他州から休暇旅行に来たと挨拶すると、その銅像について、戦争が終わって日本人が収容キャンプから出されたとき、行き所がなくて困った人々をコロラドに受け入れる作業をしてくれたコロラド州知事で、日本人の恩人ですと説明してくれた。「渡る世間に鬼はない」という古い諺が、杖をついた老人の口から出た教訓であった。

そのサクラ・スクエアーを形成しているしゃれた日本商店の上層階は老人たちも入居できるアパー

トになっていて、そこでは同じような経歴と境遇の人たちが助け合って住んでいるということだった。それだけの建物と施設を造るには、日本人の一世もその子どもたちも相当な金を集めて企業家の才を振るわねばならなかったろう。一階の店には日本製の新型電気製品や高級食器や人形や、コロラド製の豆腐や饅頭などの日本商品が豊富で、隣接のネブラスカ州などからも日系の老若の人々がトラックで買い出しに来ていた。主に農業に従事している人たちのようで、日に焼けた屈強の日本男性たちが目に付いた。

そんな戦前からの住み着き人ではない、ある壮年の日本人男性は会社の社長になっていた。その会社の名前はアメリカによくある家族の名前で、何の会社か何を製造する工場か分からなかった。なぜ日本名を付けるとか、生産品目が分かる会社名でないのかという小さい疑問はしばらくして解けた。それはアメリカ人と日本人の信頼と恩義のためだった。彼は日本からアメリカにやって来て苦学中に、ある鋳型工場に職を見つけて学資を稼ごうとした。そこで勤勉に働いているうちに仕事が面白くなり、あるとき何か工程に改良を加えて、工場長に褒められた。彼は工場長のトラストを得たわけである。工場長は会社の設立者でもあったので、後に工場施設と田舎の自分の住宅を日本人の元アルバイト学生にそっくり遺産として残した。日本男性はその信頼と恩義があるので、会社の名前は変えない、譲られた田舎の古い家も売らないと言う。工場施設といっても実体は十八人の町工場だが、その製品には独自の改良がしてあり、品質も良いのでアメリカだけでなくヨーロッパにも知られている由だった。彼はすばらしく立派な新築の自分の家から仕事に出かけ、時々図面と製品見本を持ってヨーロッパへ行く。

アメリカでまったくの土台から会社や工場をつくることはもっと複雑でもっと難しいに違いない。わたしは偶然な幸いから、日本の男性がアメリカの文化的な僻地といえる場所に、ある会社の立派な支社をつくる過程と、巨大な自動車工場を設立する過程を観察する機会を持った。まずもって言葉が違う、文化習慣が違う、それからがんじがらめの組織や法律が違う。道具や部品のような簡単そうな物でもセンチとインチの違いがある。そのうえ働く人の責任感も倫理観も日本と同じではない。後年アメリカ人は日本のビジネスマンをエコノミック・アニマルと蔑称したが、わたしの見た日本のビジネスマンたちは早起き遅寝の紳士であり、駐米大使のようであり、開拓者であり、また創造者だった。ああいう人たちがビジネスマン、現代経営者というものかと感を新たにした。アメリカを経済的に潤わせただけではない。彼らはまず、アメリカでも性能の良い堅牢な製品が経済的に造り得るものであることを世に示した。家族ぐるみ日本をアメリカに持ちこみ、たくさんのアメリカ人に人間の美徳を教えた。僻地のアメリカ人の多くはそれまで日本人を見たこともなければ、日本人が礼儀正しいことも、綺麗好きなことも、おかっぱの子どもがみんなピアノかバイオリンを弾くことも、桜祭りや折り紙のことも知らなかったのだ。それから数十年、二十世紀の終わりには、これらの会社も工場もその製品も取引商品もアメリカの土地の、産業の、生活の欠かせない一部になってしまっている。日本のビジネスマンの多面にわたる成果は、わたしが日本研究の分野で学生を相手にやった仕事を完全に微小化して見せる。

優秀な日本男性はアメリカのあらゆる分野で活躍している。音楽界にはもちろん小沢征爾がいる。（彼はボストンからウィーンのオペラへ移るが……。）政界には商務省長官と運輸大臣を歴任するノーマン・ミネタ（Norman Mineta）。上院のダニエル・イノウエ（Daniel Inoue）やロバート・マツイ（Robert Matsui）も古参である。法曹界では、思わぬ成り行きと裁決で有名になったシンプソン裁判の判事ランス・イトー（Lance Ito）。理論物理や生化学や医学のような学問分野でも日本人が活躍するが、ちょっと変わったところでは地球物理学の藤田哲也。地震のリクター・スケールに並ぶ竜巻のフジタ・スケールを作ったので、竜巻シーズンの気象報告によく名前が出る。

芸能界では、パット・モリタ（Pat Morita）が一九七〇年ごろからテレビの人気番組に出ていたが、一九八〇年代には映画「Karate Kid（空手童子）」に出演して大スターとなった。そのころよく、人がわたしの知り合いかと尋ねるので、戯れにアキオ・モリタ（盛田昭夫）なら知っていると言ってやると、石原慎太郎とともにアメリカ政策や経営に批判的な思想家としてアメリカの一部で煙たがられていたソニーの社長の名を、映画ファンはだれも知らなかった。しかし、まじめな映画通の間では黒澤明と三船敏郎、小津安二郎と市川昆らが知られ、尊敬を受けている。また、ユニークな顔を持ち、わずかながらアクセントのある英語を話すMakoという演技派の男性俳優は、本名を岩松信という神戸生まれの日本人で、ロサンジェルスの演劇界で仕事をする舞台人である。二〇〇一年には「Pearl Harbor（真珠湾）」で山本五十六を演じた。ちょっと変わったところでは、麻薬で死んでしまったジョン・ベルーシ（John Belushi）というコメディアン。彼は侍の格好をして日本刀を操り、ひょうきんな本当の荒侍を思わせた。ミフネにインスピレーションを得たようで、テレビや映画の観客に日本意識を広めた。また、有名大学のアジア研究のプログラムを終えて、アジアのどこかで研究したという俳優が一人二人現れて話題になったが、その人たちが映画界にどのような影響を与えているか知らない。

スポーツ界ではジャンボというニックネームで知られている日本人ゴルファーや、覚えやすいニックネームが要るような日本人プレーヤーがいる。今は、野球のイチロー。イチローの苗字を知らなかったが、あるテレビ局の女性スポーツ記者は選手を必ず苗字で呼ぶので、それから初めて知った。だが、ファンはイチローで覚えている。プロ・バスケットボールの人気選手コービー・ブライアント（Kobe Bryant）は神戸で生まれたのでKobeと名付けられたと、札幌と長野に次いで日本の一地名を有名にした。

＊＊＊

日本男性はこのように各界に活躍している。日本の文化を背に持ち、日本の美点を知り、意識的または無意識的に日本を知られよう、広めようとする人たちもあれば、自分をアメリカ人とわきまえて学友や同僚と違わないように努めて生きる人たちもある。みんな勤勉におおかたの信頼を得るようにと励んでいるためか、その人たちはたとえばある人種系のように大小のグループや機関を形成して、団体として政治勢力をつくって国や州の選挙を左右しようということがない。多数決の国アメリカでは、政治的、経済的、または社会的な影響力となるに必要な人間の絶対数が足りないからということもあろうが、日本人はたいてい他の人に迷惑をかけないインテリの個人である。日系アメリカ人の歴史の保存と顕彰を目指す協会や団体、また日米親善をうたう日本協会などを例外にすれば、団体勢力になる必要がないと感じているのかもしれない。県人会という会が存在したが、もともとその県の方言で話して親交しようという一世の男女たちの集まりで、方言はおろか普通の日本語でも話せない日系の三世や四世の時代には、その末裔はあっても小規模なようだ。沖縄県人会は、人が多いらしく、大きくて盛んだと聞いた。

アメリカに各種無尽にある勢力団体を代表するような人たちに比べると、日本男性はみんな、尊敬すべきモラル・リーダーのようだ。

本、テレビなど

「女性」と「男性」の中でアメリカの日本図書館の基をつくったり、その図書館の育成に努めた人々のことに触れ、アメリカの日本図書の収集は二十世紀の初めごろから始まっていたと指摘した。二十世紀が終わった今では、膨大な数の日本書籍や雑誌やパンフレット類やフィルム化されたりディジタル化されたりした、新旧の資料がアメリカに集まっている。当然、大部分はその資料を使って日本研究活動をする大学や研究所や美術館のような所にある。大学や研究所の図書資料の冊数は必ずしもそこのリサーチの質や量と比例しないのだが、一九九〇年までに日本研究図書資料を十万冊以上保持していた所を西から東へたどると、ハワイ大学、シアトルのワシントン大学、カリフォルニア大学バークレー校、スタンフォード大学、カリフォルニア大学ロサンゼルス校、シカゴ大学、ミシガン大学、ハーバード大学、イエール大学、コロンビア大学、プリンストン大学などだった。そのとき八万から九万冊台の統計が続いていたから、現在では、日本図書を十万冊以上持っている大学や研究所は二十以上になっているだろう。少ない、といっても、数万冊の日本書を持つ大学の数は百以上ある。ニューヨーク公共図書館やワシントンにある国立医学研究所の図書館なども、万単位で日本語資料を持っている。

大どころはアメリカ議会図書館アジア部（もとは東洋部）の日本課で、一九九〇年までに八十万冊持っているという記録だったから、今はその網羅的なコレクションは、百万冊を越しているに違いない。その日本情報資料センター（Japan Documentation Center）は、普通ルートで入手できない日本政府や各種産業界の省内や部内の特殊資料を、東京に設立した支所を通じて入手し、ただちに英文の抄訳を作成してコンピューター・ネットワークに載せ、議会の研究員その他に情報を提供していた。

重要な日本資料のコレクションにプランゲ・コレクション（Gordon W. Prange Collection）がある。プランゲは元軍の情報官だった歴史家で、ミッドウェー海戦についての著作や、より有名な、細微で包括的なパールハーバーについての大著がある。このコレクションは日本でこそよく知られているが、アメリカには知らない人が多い。もちろん、元マッカーサー司令部に検閲を受けた日本の出版物で、占領が終わってからもひととき日本にとどまり、後にカリフォルニア州のどこかに入り、遂に東部は首府ワシントン近くのメリーランド大学に落ち着いたという経歴を持っている。パンフレットを含めて約七万五千冊の日本書、一万三千種類の雑誌、一万枚の報道写真など、日本が戦後一九四九年までに出版したほとんど全部の刊行物が揃っている。そのうち発禁になったページが六十万ページを数えるという。アメリカが敵国であった日本を民主化すべく、軍国主義その他の望ましくない思想を抑えた珍しい完全記録である。それはほとんど全部が当時の粗末な紙に印刷されたものなので、いずれも保存の限界にきていたのだが、国立国会図書館がそのままにしておけないと乗り出し、わざわざ館員を派遣して、資料を紙より保存のきくフィルムにしている。

別に、アメリカには統計にも載らないような小さい日本書のコレクションがあり、たとえば、ワシントンの日本大使館の文化センターには日本関係書があるし、近郊の公共図書館には、ある日本人滞在者が帰国するとき寄贈したという約百二十冊の小説や教養書や旅行案内が大切に管理されている。シンシナティー市近くのウイルミントンという小村のカレッジには、一九七五年以来、広島と長崎の原爆に関する文庫ができていて、日本文の関係図書が数百冊ある。長井隆の本も揃っていた。その奇特なコレクションは、現在も平和資料センター広島長崎記念資料（Peace Resorce Center, Hiroshima / Nagasaki Memorial Collection）として活動している。

アメリカで日本研究用の図書室や図書館をつくるには、いうまでもなく、アメリカにおける日本研究の歴史と現状についての知識、さらに将来の研究への見通しを持ち、また日本の学界の動向や出版事情や古書市場のことに詳しいビブリオグラファーと呼ばれる集書の専門家がいなければならないし、それを助ける日本語の分かる書記や、本が入ってからそれをアメリカの目録規則でカタログして、その整理のついた本を教官や学生にサービスする専門図書館員がいなければならない。時間もかかるし、お金もかかる仕事である。その費用は、日本学者たちが態勢を整えていた一九五〇年から一九六〇年代ごろには、大学側もカリキュラムの改革はしていなかったし、予算も不足ということで、日本学者たちは外部の財団基金の援助に頼らねばならなかった。幸いアメリカの財閥系の基金活動が盛んな時代だった。日本の基金も国際交流基金や種々の団体が日本研究のためにと助成金や補助金を出した。アメリカの財団も日本の基金も、資金援助の申し込みを審査するにあたって、援助を要請した側の研究者の数やリサーチの実績だけでなく、必ずその機関の蔵書のサイズとその拡張プランを重視した。そうして、日本語による研究図書資料が、かなり急速にアメリカに増えていった。

わたしは、一九六〇年代に他大学より少し遅れて日本蔵書を急造していたシカゴ大学の極東図書館で、ビブリオグラファーとして働いたことがある。日本図書の一冊一冊、一部一部が選ばれて、包装され太平洋を渡ってアメリカに着き、図書館員によってプロセスされ、西欧語その他の言語で書かれた資料と肩を接してか、または別の書架に並べられてアメリカの利用者の到来を待つ、という命運にはある種の情がわいた。包装材料も粗末で不便なころ、戦災を免れた学者が手放したような大正期や昭和初期の学術図書が、五冊六冊と粗紙に二重三重に包まれ、ナイロン紐の存在しなかったころの紐にくくられて海を渡り、それが積もり積もって何万冊何十万冊の日本研究図書館がアメリカにできたのだ。わたしは人気のない古い書庫の棚の列を眺めて、それらの日本書籍がいつ読まれるだろうか、いつかはだれかに読まれるときが来るだろうかといぶかったものだ。飛躍的に進歩する自然科学の研究には、器具や実験に費用と時間がかかると信じられていたが、文献資料に頼らざるを得ない人文学や社会学のリサーチも、膨大な労力と時間とまた無駄も要るものだという感慨があった。わたしはビブリオグラファーとして働きながら、日本文学の研究者になることを志向していたが、実に大量の出版物を見て、文学の研究には学者や評論家が出版した研究書や論文は参考資料として大事だが、それがなくてもまず研究対象とする作家の全集をじっくり読めば、それで研究の大要は成るのではないかと考えた。

図書館は普通、書かれた言語でなく、内容の主題によって図書を分類して整理するので、通常なら日本書は日本語以外の英語やドイツ語で書かれた同主題の本と並んで書架に入ることになる。それは日本書の利用者にとって不便とも考えられるが、実はメリットがある。たとえば学生が俳句のことを調べる目的で書庫に入ると、俳句の本なら何語で書かれていても、芭蕉の句集もその英訳も仏訳も、日本の俳句批評家の本もアメリカ人の芭蕉研究書も、一切を同じ書架で見つけることができる。ところが、多くの図書館が別の方式をとっている。つまり、日本語のような横文字でない言語による資料を別扱いにして別の書架に置き、それを東洋図書館とかアジア図書館と呼んで独立させている。これは、日本語の俳句の本と英文の俳句研究書の両方を調べたいときには不便な方式である。その読書室には日本語や中国語などの新聞雑誌ばかりおいてあるので、アジア諸国から来た物理や冶金などの留学生たちが毎朝故国からの新聞を読む溜まり場のようになっていることがある。

図書館は新聞を読んだり学術書を保存したりするだけの機関ではなく、人間の知識センターとして活動すべき機関であるが、実情は、そんなに研究者であふれることもなく、書庫では何万の図書や雑誌が眠っている。その状態は隣の日本図書館でも、そのまた隣の図書館でも同様である。そのうえ、それらの図書館では大部で高価な同じ資料が重複している。その無駄を避けるために、日本書のコレクションの間では選書を協調し、分類作業を助け合い、図書を分け合った。後に、関係者たちは集まって北米日本図書資料調整委員会（National Coordinating Committee for Japanese Library

Resources）をつくった。

それでも競争するアメリカの図書館は、自分の大学の研究の歴史や今後の方向をよりよく反映する特徴のある蔵書を造ろうとする。あるコレクションは百年も前に日本研究を先駆けた日本人学者の蔵書を基にして、いまだにその性格を保っている。だれかの名の付いた特色ある文庫をそっくり購入したラッキーな図書館もある。百万塔陀羅尼を貴重書部門に持っている図書館もある。専任のビブリオグラファーがいなかったためか、図書選択を図書輸出入会社に任せたと分かる図書館もある。しかし、そんな図書輸出入会社も、東京や京都の暖簾を誇る古書業者も、日本研究のためにたゆまぬ貢献をしたわけで、輸出入会社の日本新刊書の紹介と選択、古書業者の学術雑誌の欠号を複製したり大部の貴重書や資料集を復刻出版したりマイクロ化したりした仕事は、利害を別として推挙に値する事業であった。

わたしは図書館の仕事を辞めて、日本文学の研究に専心できることになった。日本の国民総生産がヨーロッパの諸国を追い抜いて、アメリカのそれに近づいていた。一九七〇年代の初め、わたしはシカゴで開かれたある日本学会で、「ニューヨーク・タイムズに日本のことが一行も報道されない日が、これで一カ月以上も続いている」という言葉で始まる講演を聞いた。聴衆はそれをジョークと受け取って笑ったが、あるいはそれは講演者が調べた事実に基づいた学界への警鐘であったかもしれない。一般に、アメリカのメディアが日本について報道する頻度も量もそんなに多くなかった。地方紙やローカルテレビになると、特にそうだった。オハイオ州で購読していた新聞は、日本についての報道といえば、毎年八月に広島爆撃参加者の思い出談、十二月に真珠湾爆撃の生存者の思い出談を繰り返していた。

中央紙格の新聞は国外の出来事をよくカバーするが、「国際面」といえば、平時はどうしてもイギリスおよびその他のヨーロッパ諸国や、イスラエルとイスラエルの近隣や、ロシアや、アメリカに隣接したカナダとメキシコ、また南米やアフリカ諸国が先立つようである。その一方で、大国中国やインドがあるし、日本も絶対おろそかにできないし、といった具合にやっているようにみえる。ニュースの配分は、アメリカ国民がむかし移民としてやって来た元の国々の分布や、その人たちの現在の勢力を反映しているのではないかと疑わせる。

そのような日本の扱われ方に気づいたらしい日本政府と日本の財団は、一九七三年、日本研究のプログラムを持つアメリカの十大学に百万ドルずつ寄付して学界やメディアを驚かせた。そして、研究学者を日本へ招聘し、学生を日本へ留学させた。大学は寄付金の一部を日本図書費に充てた。そんな日本の裕福さとアメリカの日本研究への関心と寛大さを、中国や韓国やその他の国の研究を専門にする同僚たちがうらやんだ。

オハイオ州の大学は百万ドルの選に遠くもれていたが、一九八〇年ごろには日本新聞が二種類航空便で入っていた。他の新聞と雑誌は二カ月近く遅れ、月刊の新聞縮刷版が半年遅れであった。文化面の情報では、『Japan Quarterly』は文字通り季刊だったが、非常に優れた編集で、文化情報はそれで足りた。日本新聞のファクシミリ版がニューヨークで出始めていたらしく、ライブラリアンは予算をにらんで、どの新聞雑誌を先に取り入れようかと思案していた。そのころ、日本研究者の間に、日本のニュースが短波受信機なら聞こえるという旧時代的な噂があった。政治学の友人は北のカナダ経由で有料日本放送の受信を試みたようだが、満足な結果だったとは聞かなかった。何しろそのころでも、日本への通話料が九ドルから始まる時代だったのだ。

そのようなことが急に昔語りとなり、営々として築かれていた研究図書館のやり方も、またその存在理由さえも変わってしまった。通信技術は急速に進み、コンピューターの時代が来ていた。図書の検索や借り出し手続きは研究室に座っていながらコンピューターでやれるようになり、雑誌記事の検索は、大部の書誌を繰り広げなくても、ディスクになった索引を器械にかけて必要情報を引き出すだけで済むようになった。そうこうしているうちにすぐ通信衛星の時代が来て、インターネットが世界を結び、情報伝達のスピードがほとんど瞬間的になった。インターネットで必要なテキストが読める。研究者の情報集めの方法もスピードも変わってしまったのだ。一方では冷戦の終結で、アメリカにおける日本の防衛上の地位が変わったらしく、日本研究に関連があった政府の種々のプログラムが解除された。

テレビは、ワシントンにはさすがにインターナショナルな局があり、日本番組があった。しかし、それは週一時間の娯楽番組で、その時間も番組内容も、日本からの衛星放映に加入していない日本人滞在者へのサービスであることは明らかであった。他国の番組をのぞいてみると、別の衛星放映があってかなくてか、この国際局ではドイツ、フランス、イタリアあたりが長い時間を占め、アジア諸国のうちでは、インドと中国がかなりの放映時間を取っている。ロシアもギリシャもベトナムもやっている。局はどんな基準によってこんな時間の割り振りをするのか。それは人種や移民数や、国々の政治力や財力や宣伝活動力を反映しているのではないか。ただし、このテレビ局は電波が弱く、朝は遅くからしか放映が始まらなかった。政府や企業の要職にある人たちは、衛星放映のほかにインターネットその他いろいろな情報源や情報伝達法を持っているに違いない。

わたしはその局の週一時間の日本プログラムを見た。連続ドラマはよかったが、ニュースは日本のポピュラー・ソングの人気番付けや、野球やサッカーの成績報告に費やされた。それから旅行社の広告や日本官庁の広報があって、一時間が過ぎた。数年後になって、この放映プログラムはさすがに改良された。放映が毎朝の一時間になり、ニュースが中心になった。しかし、そのニュースは三面記事的で、それに日本の各地方の旅館やレストランなどの紹介が続いた。後はアメリカのニュース写真そのままを使った日本語版であった。それは夕方のＮＨＫによる英語の「Newsline」で補足されていたと考えるべきかもしれないが、「Newsline」は正味十二分間ほどしかなかった。ちなみに、諸外国の放映には自国の三面記事的なニュースが少ないようで、アメリカで報じられないような自国や近隣や世界の出来事を報道している。ある国などは巧妙微妙に自国の見方や自国の文化の特徴を示唆しながら、一般視聴者に比較の糧を提供している。舞台や映画などの紹介をしている。そのような番組の裏には、それぞれの国の何とか庁とか、外務公館の何課とかの影が写っているのではないかと勘繰られる。各国の番組は、その国の言葉ばかりで放映するものから、言葉はその国のもので英語の字幕を付けたものや、まったく英語だけのものまで、いろいろである。要は、その国の放映がアメリカのどんな人たちを対象としているかの問題であろう。

そのような感想を東京の新聞社から来ている人に話したら、日本の放映はワシントンの局だけでなく、アメリカ各地の同様な局のためにニューヨークでだれかが編集しているのだということだった。ちょっと信じられない話だった。いずれにしてもそれはしばらく前のことだったので、そろそろアメリカ各地の日本のテレビも変わってくるのではないかとひそかに期待している。

情報伝達のスピードにおいてインターネットに遅れるが、日本人の多い都会の日本書店では日本の書店に並んでいるのと同じ週刊誌や月刊雑誌など、ほとんど何でも入手することができる。書店で即座に定期購読できる日本の雑誌は、児童学習誌からマンガやスポーツ誌や婦人雑誌や文芸雑誌まで含めて、全部で二百種ほどリストされている。そのうち百二十種以上が、英語やフランス語そのままか、それを片仮名で表記した（らしい）誌名を持っていて、「現代」とか「週刊」というような漢字を使った雑誌が数えるほどしかないのは印象的である。店頭には日本の英字新聞があり、衛星版の日本新聞がある。アメリカで出版した日本語ビジネス新聞もあり、ファミリー版や子ども版もある。そのほかにアメリカ内でダイジェストされた日本やアメリカのニュース、生活に有用なインフォメーションを載せた週刊月刊など各種の刊行物がある。似たような編集出版の仕事を日本の数社でやるので、日本同士の市場競争があるようだ。そのうちの一つが、ロサンゼルスの日本語と英語新聞『羅府新報』を買い上げ合併したが、これらの刊行物の大半は日本国内の出版物と対象読者も、記事内容も同じで、アメリカ駐在の日本人が日本の社会と変わりない社会をそのまま持ち込んでコミュニティーを構成していることを示唆する。古い伝統のあった『羅府新報』に訪れた運命は、日本語が読め、日本語を必要とするアメリカ定住の日本人の減少を反映している。

日本大使館が出している『Japan Now』は、明らかに日本や日本文化に関心を持つアメリカ人のための刊行物で、小さいが、編集方針も記事も良い。日本についての雑誌その他の刊行物はほかにもあるだろうが、市井の人に届く日本情報は他の国の情報に比べて少ないのではないか。アメリカのジャーナリストや知識人一般はどこからどれほど日本についての情報を得ているだろうか。試みに、近年アメリカの新聞や雑誌に現れる日本についての時事記事を注意してみると、日本へのアメリカ人特派員や日本各地の日本人通信員らしい人の寄稿が目に付く。日本で仕事するジャーナリストは、たぶん日本研究のトレーニングを受けた一流のジャーナリストなのだろう。中にはたいへんおもしろい現代日本の日常生活の紹介や、日本文化の優れた研究レポートがある。

＊＊＊

ワシントンでは図書館の開架書庫を歩き回る自由が少ない。丘の上のアメリカ議会図書館は三つの館に分かれていて、内部は複雑多岐、厳密にいえば研究図書館ではないようで、不便である。コンピューターで目録を見ると、とにかくたくさんの日本図書が入っていると分かるが、どうも密度が低い感じだ。なじんだ大学の蔵書が懐かしい。むしろ近くの公共図書館に行って座る方が仕事になる。その公共図書館で、約百二十冊の日本図書を見せられたとき、わたしはかねて読みたいと思っていた漱石末完の『明暗』をだれかが書き継いで続編としたものを見つけて読むことができた。百二十冊の寄付者は男性だったと聞いたが、女性向きの本もあったので家族のある人だったろう。蔵書には性格があるものだ。

同時多発テロ事件以後

アメリカ国防省とニューヨークのワールド・トレード・センターがほとんど同時に破壊される事件が起こったとき、もちろん世は騒然としたわけだが、その騒ぎの最中に意外にも日本が浮き彫りにされた。日本は、ただちに非難を受けた中近東のグループやアフガニスタンやその近隣諸国から地理的にも政治的にも遠く離れていたのに、メディアが日本のことを当事国を扱うような頻度で取り上げ、解説、報道したのである。同じメディアは、アジアの他の国のこともヨーロッパ諸国の事件への反応のことも、あまり報道しなかった。そこに、アメリカの、少なくともアメリカのメディアの、意識の中にある日本が表れたように思われる。次のようなことが観察された。

第一は、六十年前の日本の真珠湾攻撃が引き合いに出され、二〇〇一年におけるアメリカの油断ぶりと、被害の大きさと、立ち直りの遅さが、逐一丹念に比較されたことである。評論家たちは、日本の真珠湾攻撃とテロリストのニューヨーク、ワシントンの攻撃を比較して、事件の歴史的位置づけを試み、死傷者の数や被害推定額なども比較の引き合いに出した。それは、たまたま「パール・ハーバー」という題名のハリウッド映画が出ていたこともあって、日本と真珠湾のことを改めてアメリカに強く印象づける結果となった。インタビューを受けたパール・ハーバーの生存者や、その他一般アメリカ人の感情には、真珠湾はヒキョーな奇襲であったという解釈があるようだった。ちなみに、事件当初には犠牲者の数がつかめず、ワールド・トレード・センターで四千人とか五千人、国防省で八百人と報道されていた。

第二は、アメリカの大統領がまず、各国共同一致してテロに対処しなければならないと声を上げ、イギリス以外のヨーロッパ諸国の協力が懸念されていた最中、日本の首相が早々とワシントンに現れたこと。アメリカではすでに被害総額や必要復旧費や、まもなく始まると期待されていた戦争の費用などが論議され始めていたし、一方では各種の慈善団体や救済基金が史上最高といわれる義援金を集っていた。人々は、そんなとき、裕福で寛大な経済大国日本の首相がアメリカに見舞い訪問したと思ったかもしれない。首相にすれば、ニューヨークでは日本人犠牲者が出たし、日本の会社企業の被害もあったからという理由もあったはずだが、そんなことは報じられなかったようだ。首相はテレビの前で、英語で短く、アメリカに対する同情と、テロに対する怒りを表明した。わたしはツイン・タワーに日本の銀行などがあった事実を、後で日本語のテレビを見るまで確認できなかった。

第三は、それかあらぬか、アメリカのニュース・メディアが日本国内の動向を格段によく報道するようになったことである。日本の首相がアジアのどこへ旅行して何をしたか、日本の国会が自衛隊の海外派遣についてどのような討議をしたかなど、ふだんなら報じないかもしれないような事項を細かに報じた。日本国憲法についての解説もあり、半世紀前のアメリカの日本占領政策についての議論も出た。そして、中近東向けの日本援助隊や日本物資の動きについての報道や、日本の国連代表や外務大臣の言動などのレポートが相次いだ。日本は来たるべき戦争に備えてはイギリスと並び、アメリカの友邦としての立場を高めたようにみえた。

第四は、アフガニスタンで戦争が始まってからのことである。ワシントンの一般人向けの多国語テレビ局が放映する日本ニュースが、急に活発にアフガニスタンの戦争のことを報じるようになった。受け売り放映でなく、日本報道陣によるオリジナルな現地レポートであった。アフガニスタンへは普通のアメリカ人ジャーナリストはあまり行かなかったのか、現地報道は比較的少なかった。日本のジャーナリストは、カメラマンを含めて、砂漠服のようなものを着て、危険を冒して大胆活発に報道活動をしているのが印象的だった。彼らのもたらすニュースはアメリカのニュースに出ない細部とスピードを持っていたようで、素人の目には、それはアメリカの国防省やスパイ局の人が見ても参考になるのではないかと思われるほどだった。アメリカのメディアは日本の報道活動に目を付けていただろうか。通常大メディア局のニュース放映を見る一般大衆は、おそらく日本のニュースを見なかっただろう。日本の報道陣はアフガニスタンの地形とか、使用される武器や爆弾の種類なども実に詳しく報告し、それに武器評論家のような人が解説を付けていた。また、ニューヨークでの日本人や会社の被害報告も詳しかった。そのような立派な日本ジャーナリズムはしばらく続いたが、プロ野球読売ジャイアンツの監督の辞任発表のニュースを転機として、放映の内容もやり方も、また九月十一日以前の状態に戻ってしまった。この改悪の責任はだれにあるのか。日本のニュースの供給者にあるのか、アメリカのテレビ局の企画編集係にあるのか、それとも視聴者側の関心のあり方が問題なのか、よく分からない。

第五は、九月十一日から少したって炭そ菌の事件が起こったときのことである。ワシントンでも死者が出て一段と騒ぎになったのだが、評論家はそれをただちに日本のオウム真理教による東京地下鉄サリン事件と比べた。メディアも日本のサリン事件は世界における最近の、特に有効であったテロの攻撃であったとし、アメリカ内の細菌やガスによる攻撃の可能性を論じた。そして、テレビも新聞も当時の東京地下鉄からの救出作業を昨日の出来事のように生々しく映し出した。第一次世界大戦のガス犠牲者は、白黒のぼけた写真で放映された。それまで大半のアメリカ人はオウム真理教事件など知らなかったはずだが、オウムとはどういう意味かと人に聞かれた。わたしもよく知らなかった。とにかく、東京のサリン事件が大々的に紹介解説された結果は、ワシントンの地下鉄乗客の一時激減となって表れた。

第六は、大事さの順位が六番目であるというのでは決してないが、当局が事件に何らかの関係があったと疑った中近東出身の人々を拘留したこととの合法性が問われ、それが第二次世界大戦のときアメリカ政府が日本人と日系アメリカ人を収容所に入れたこと（「記念碑」参照。）の合法、非合法性の論議になぞらえられたこと。疑義は人権問題や人間の平等問題に強い関心を持つ人々が持ち出したらしい。日系アメリカ人はどう思ったかしれない。現代アメリカにあふれるアジアや中南米や北欧やアフリカや中近東から来た新アメリカ人には、六十年前に太平洋岸の諸州に住んでいた日本人たちに起こった収容事件は、耳新しいニュースだったろう。ある議員は、アメリカは日本人と日系アメリカ人に対して犯した恥ずべき過ちをまた繰り返してはならないと演説した。

終わりに、アメリカの評論家もメディア一般も日本のテレビほど注目しなかったことだが、全壊したワールド・トレード・センターは、日系アメリカ人ミノル・ヤマサキの設計であった事実がある。アメリカのメディアはワールド・トレード・センターを再建するならどんな建物をどのように配置するか、わけても、犠牲になったヒーローたちのためにどんなメモリアルをどこに建てるかを論じた。反面、多国系テレビ局の日本時間には日本の識者たちがヤマサキの建築工学についてディスカスし、なぜ彼の建物が簡単に崩れてしまったかを問題にしていた。両者の間に、前向きの姿勢と後向きの姿勢の違いがあるといえるかどうか。いずれにしても、ニューヨークのスカイラインに対をなしてそそり立つヤマサキの華麗な建物は美術品そのものであった。何千年もむかしのエジプトや中近東やインドや中国の人間が使った物品と並んで、日本人が六、七百年前につくった古い物品がアメリカの美術館や個人の手に存続し、美術品として観賞されている一方、ヤマサキの作品は数十年の命だけで、あとは記録と記憶のうえにだけ残ることになった。

アメリカは、この地球上かどこかのプラネットに存続する限り、真珠湾を奇襲されたことは忘れず、同時多発テロ事件は史上初めてアメリカ本土が受けた攻撃として忘れないだろうが、日系建築家ミノル・ヤマサキの名は忘却の彼方にあるやもしれない。その有限の果てに、日本はどうなっているだろうか。

元軍人

日本に駐在した経験を持つ元軍人に会うことがある。第二次世界大戦後すぐに日本に進駐した人たちや、戦後のある時期に、安保条約などのため日本に送られたという元軍人がいる。海軍でちょっと寄っただけの人や、空軍で長いこといた人がある。ほかに、戦争中に太平洋戦域にいたが、日本の兵隊に実際に出くわすことも日本に進駐する機会もなく帰国したという人もあった。アメリカはそれから朝鮮戦争を戦い、すさまじいベトナム戦争を経験した。そのため、韓国やベトナム方面から日本へ慰安休暇で訪れたという元軍人がいる。そんなことで、日本体験を持つ元軍人も一律ではなくなった。いずれにしても、そのようなアメリカの元軍人には、他の人にはない日本と日本人についての独自の記憶や、そのほかニュースや宣伝情報などで形作られたいろいろな記憶が生きているようだ。それらの記憶のアメリカ文化へのインパクトは量りにくいが、それらは多くのアメリカ人たちの深層にうずくまっている。

オハイオ州の田舎にホンダが工場を造り、工場要員をアメリカでは初めての「アソシエート（僚友）」という呼び名で雇って、大方の好評を得ながら地方の経済を潤した一九八〇年代半ばのことであった。田舎道をドライブしていて、野外で開いている蚤の市に出くわした。とうもろこしを貯える白い大きな塔を持つ雄大な農家が見える広場である。突然、「それ安いよ」という日本語がわたしに呼びかけた。振り向くと、日にやけて黒人かと思わせるような小柄な男が、十八世紀の開拓者時代の製品かと思わせる古いゆり椅子や、鏡台や、ガラス細工などのがらくたを売っている。わたしは小さい現代ものの木製ワイン棚を指さして、「これはいくらですか」ときいた。すると「ヒャク・ダラー（百ドル）」という答えが返ってきた。彼は第二次世界大戦の直後「ヨコハーマ（横浜）」に進駐したと言う。フィリピンから横浜に着いたときは十九歳で、よく同僚と電車の路線をジープで走ったり歩いたりした記憶がある。場所の名前も人の名前もすっかり忘れてしまったが、「オハヨー」とか「コニチワ」などまだ言える。その日本語はちょっと軍で教わっただけなのだが、路上や市場のような所で実際に使うことができた。そして日本人はミゼラブルに見えたが、みんなフレンドリーだったと付け足すことを忘れない。数カ月の滞日で帰国したが、それ以来もちろん再び日本を訪ねたことはない、日本は変わっただろうな、おまえはいつアメリカにきた、ホンダにいるのか、そうか、大学にいるのか、気に入っているか、などなど話を終えない。彼は帰国してからは家業のとうもろこし農業を助け、近所のスイート・ハートと結婚、二人の娘もこの近郊で結婚、家族のだれも日本はおろかオハイオ州外にも出ることがないとのことだった。

アメリカ軍が、日本に進駐した兵士に日本語を教えたと聞いたとき、そうであったろう、もっともだと思った。ただし、その元軍人が日本語をよく記憶していた事実、習得言語の定着性には驚いた。わたしはワイン棚を言い値の十二ドルで買い、彼と握手した。彼はその手で通りの斜め向こうに座った婦人を指差し、彼女の兄はわしの遊び友達だったが、太平洋のどこかで戦死したとつぶやいた。わたしは何となく、装身具のようなものを売っているらしいその老婦人の前を避けた。

それより前に会った元軍人は違っていた。オレゴン州の小さな町で車にガソリンを入れるとき、家から出て来た中年の男は、おまえはチャイニーズかジャパニーズかと聞き、おれはグリーン・ベレーだと言ったまま口をきかなかった。緑のベレー帽の人は選り抜き、生粋の軍人で、一番難しくて危険な所に出向く役目の人たちだと聞いていたので、おそらく言語に絶するつらい戦争の記憶を持つ人だろうと思った。この小さい町の出会いが忘れられないのだが、その後、このグリーン・ベレーの元軍人はだれかに悪感情を持っていたのではなくて、ただ無口で無愛想な性格だったか、またはたまたま不機嫌だったのだろうと解釈している。日本人という答えに、そうかおまえはベトコン（共産ベトナムの兵士）ではないのだなというくらいの態度だったのだろう。大学のキャンパスではあらわに、また潜在的に、反戦や厭戦の思想運動があったが、この元軍人はどうだったろうか。

わたしは日本語と日本文学を教えていたが、どちらもポピュラーな心理学や都市社会学ほど学生が集まらないコースであった。しかし、どちらのコースにもベトナム戦線から帰った学生が出席していた。彼らになぜ日本語や文学のコースを取る気になったのかと聞くと、少し覚えた日本語が成績向上の助けになると思ったことと、将来ぜひもう一度行きたいと思っている日本について、もっと知識を持ちたいという理由だった。話をしてみると、日本語に関しては「ママさん」とか「高いよ」など数語を口にすることができるだけであったが、意外にもそれら学生のほとんどが日本の佐世保を知っていた。彼らは、ベトナムの激戦に疲れたとき、一種のバカンスとして佐世保に送られたらしい。軍人としてのわずかな経験や知識が、同僚学生たちの志向と離れた日本語や日本文学の勉強をする動機になる例である。

一人の元軍人学生は砲撃手だったので耳が悪くなっており、勉強に支障があった。それでよく遠くの陸軍病院に行くといって欠席したが、懸命に卒業を目指し、卒業後は日本で就職することを夢見ていた。もう一人の元軍人学生はもっと気の毒だった。彼は通信隊に属していて、いつも重い器械を背につけてベトナムのジャングルをはい回ったそうだが、ひどく惨劇の思い出に悩まされていて、精神科医の手当てがいるのではないかと心配するほどだった。たびたびわたしの研究室に現れて、とにかくアメリカでベテラン（元軍人）であるという生活がいやなので日本に行きたい、佐世保のような所に行って住みたいのだと何度も言った。そのクラスにはまた、父親が日本で何か大事な仕事をしたので、しばらく家族ごと日本に住んだことがあるという学生もいた。それはハンセン（Hansen）という名前のハンサムな青年だったが、いつも古いだぶだぶな軍服姿で教室に現れ、自分の試験やレポートに必ず漢字で「反戦」と署名した。

これらの学生の大部分はコースが終わるとどこかへ消えていってしまうのだが、それは教師の年々の悲哀である。ところが、わたしはクラスでそのような元軍人に会う前、同学の学生がコースの終わらないうちにどこかへ消えてしまった事実を見ている。彼はスタンフォード大学を出て、シカゴ大学で本居宣長の研究をしている能弁な男だったが、ふいにいなくなってしまった。後から徴兵を避けてカナダにいるのだという噂がたった。前途有望な日本学徒が一人減った。戦線では血が流れ、国内ではヒッピーの時代が尾を引き、反戦、反体制を歌う風が吹いていた。

戦友や近親や知り合いのものが戦死した思い出は、年月がたっても消えることがないだろう。ベトナム戦の元軍人には特に、ドラッグを使って心身をだめにする人が多いと聞く。オレゴン州の山野には長髪の若者たちが住んで、中にはひそかにマリファナを育てている者もいるという噂があった。彼らは古い軍服を着、女友達や子どもたちは粗い布のワンピースのようなものを着ていた。町のデパートには日本から輸入された仕立ての良い服や高級カメラが並んでいた。そんなオレゴンでも、他の州でも、町には在郷軍人会のようなものがあり、古い大砲や砲弾を置いた小広場があって、旗竿が立っている。そして、メモリアル・デーには、古い軍帽と軍服を着用した元軍人たちが勲章を光らせて行進する。

戦争はもちろん、元日本軍人にも数奇な運命をもたらしたわけで、ある日たまたまわたしが助手として働いたトラックの運転手は、元日本陸軍少尉だった。彼は東京の大学に入学したところで陸軍に徴兵になり、中国戦線の夜戦で重傷を負ったが部下の伍長に救われ、病院にいる間に終戦を迎えた。ラッキーだった、と自分では言っていた。そんな人がどのようにしてアメリカに来たのか、日系アメリカ人の奥さんでもあるのかと思ったが、聞かなかった。当時の日本は、元将校に冷たかったのだろう。彼のトラックはわたしを助手として雨の降るシアトルの街を走り、何か重い木箱を配達した。生活のためにどんな仕事でもしなければならなかった一九五〇年代の半ば、わたしは必ずしも自分の人生をラッキーと思っていなかったころであった。

　その十年後にシカゴで会った日本の会社の出張員も元日本陸軍の将官だった。士官学校の出身だということだった。わたしは知らない人だったが、問わず語りの旧軍隊のエリート養成の大学と戦後に新設された大学の卒業生の境遇の違いの話は、よく理解できた。部下に鞄を持たせていた身が、今は人の鞄を持たされてアメリカくんだりを旅しているのであった。

　事例の単なる羅列は避けたいが、アメリカの中の日本の裏面の一頁として、もう一人、日系アメリカ人で日本陸軍士官学校に入学していた人のことを書かざるを得ない。移民としてアメリカに住んでいた両親の並々ならぬ教育心と、アメリカから日本への留学のタイミングが運命のあだとなった。小学校をアメリカで終え、中学から日本で教育を受け、優秀だったので当時は普通の兵役に行くよりもよいと考えられたらしい日本陸軍士官学校へ進んだのだった。戦後、彼と両親がアメリカで再会するためには非常に困難な法律上の問題が起こった。結局、彼は「帰米」となることができたのだったが、一生過去にたたられた形になって、アメリカでは自分のずば抜けた語学力も知能も生かしてくれる所が見つからなかったらしい。彼も彼の両親も、同年輩の成功者を眺めながら運命の不思議さを思ったことだろう。

　わたしは戦争について後ろめたい思いはなかったが、それでも、戦争は元アメリカ軍人や元日本軍人を相手にしては得意とする話題ではなかった。しかし、日本と戦ったたいていの元アメリカ軍人たちは、バイゴーン・イズ・バイゴーン（過去は過去）として水に流して現在を楽しむというアメリカ人の美徳のためか、悪い記憶はあえて持ち出さないという教養のためか、かえって戦時のむかしを懐かしむのだった。真珠湾のアリゾナ号の生存者の会の人たちでも、時々ニュースに出るときは、日本への憎しみよりも生き延びた感慨と過ぎた時への悲しみを表しているように感じられる。アメリカは朝鮮戦争とベトナム戦争でもっと新しく、もっと死者の出た、もっと悲しい「記憶」を作ったし、日本はその間にうらやましいほどの大国に成長してしまったということもあるかもしれない。常に戦争の傷みを忘れないのは元軍人の「記憶」よりもメディアの「記録」かもしれない。

別に、進駐または滞在中に日本婦人を妻にした元軍人たちのケースがある。いわゆる戦争花嫁を伴ってアメリカに帰った人々のケースである。そのような人の実数は少なかったのではないかと思っていたが、ひところは何となく大勢目に付いた。日本人妻を持つ元軍人にとって、そしてその家族の者にとって、日本の「記憶」は悪かろうはずがない。しかし戦争花嫁のアメリカの家族や社会への影響についてどれほど研究があるだろうか。時がたつほど例証が希薄になって調べにくくなるだろう。不幸な離婚に終わった戦争花嫁もあったらしいが、幸福な元軍人や家族もあっただろう。その子どもたちはどのように育ったのか。アメリカ側と日本側に別々の、また共同の、研究があるべきという気がする。

さらにまた、日本の基地に住んだ元アメリカ軍人たちの家族のことがある。だれもが日本人のメイドやらお手伝いさんやらを使って、イギリスの貴族のような生活をしたというようなことはあり得ないと思うが、駐日経験のある家族たちは得てして少し不自然な日本の思い出を持っているようだ。相当に優越者的な態度の人たちもあった。日本のミサワという空軍基地に家族と楽しく住んだという学生や、ちょうど沖縄駐在のアメリカ兵の暴行事件や基地論議があったころ、「オキナワの海はダイビングに理想的で、スキューバ・ダイビングをする者には天国のようだった」と新聞に書いたある軍人妻などにそれが感じられた。

別格のグループとして、元アメリカ軍情報将校だった人たちがいる。第二次世界大戦が始まったころに学生の身分から軍に加わり、選ばれて急きょアメリカ各地の大学などに設置された言語学校で集中言語教育を受け、秘密の場所で情報活動をしたり、どこかで通訳や宣撫の仕事をしたりした人たちである。日本が降伏すると、日本語をやっていた人は日本へ行って仕事をした。知る人ぞ知るで、そのような元軍人が戦後大学に帰って、日本研究学のリーダーとなったのである。わたしが極東研究のプログラムに入ったとき、教授たちのほとんどがそのような経歴の人だった。後年同僚となった宗教学者は親鸞研究の大家だったが、若い兵士のときマッカーサー司令部で通訳をした。電話の前に一日座っていて、「ダイクサーン、スグキテクダサーイ」などと言うのが得意だったと笑っていた。彼は時代に鋭く批判的だったが、日本についてはは好意ある意見を持っていた。アメリカの中の新しく正しい日本の知識は、このような日本研究学者になった元軍人から形成されていく。

将校の位は与えられなかったらしいが、日系アメリカ人も戦争中は似たような仕事をし、戦後も元軍人としてアメリカでの日本語や日本の知識普及に貢献した。これらの日系アメリカ人は、大部分日本で教育を受けて帰米した人たちで、戦時情報サービス（War Intelligence Service）の要員となった。そして主にアラスカやアリューシャン列島や、また南太平洋の戦域で仕事した。戦後日本へ行った人もあった。ヨーロッパ戦線ではハワイからの日系アメリカ人部隊が活躍し、手柄をたててたくさんの勲章を受けたことはよく知られているところである。負傷して片腕をなくしたダニエル・イノウエは特に有名な元軍人だ。彼は一九五〇年代から下院議員、次に上院議員となって活躍している政界の重鎮である。ノーマン・ミネタも同様な経歴の元軍人議員で、商務大臣から運輸大臣と歴任している。

　歳月が過ぎた。日本の記憶を持つ元アメリカ軍人の数が減っている。その半面、大勢の学生や研究者やビジネスマンや若い軍人がアメリカと日本の間を行き来し、常に新しい日本の「記憶」を作っている。ワシントンや、メリーランド州やバージニア州のアメリカ陸海軍の学校などには、日本の防衛庁や自衛隊関係の軍人たちが来ているようだ。コロラド州の空軍の学校などにも来ているだろう。日本からのアメリカ留学生だけでも、その数は常に四万五千人もいるのだが、彼らのだれも戦争を知らない。現代の日本からの軍人や学生は、どんな日本の記憶を持ち、アメリカにどんな日本観を与えているのか。いずれにしても、一般のアメリカ人には、ある単純に固定した意識のパターンがあるようで、日本はパール・ハーバーから始まった戦争のときには敵国であり、冷戦の時代には友邦国であり、戦後は経済と技術の大国として競争の対象であって、あえて崇拝の対象ではないとする。第二次世界大戦後の荒廃した日本の記憶を持つ元アメリカ軍人が生き続けてくれる方がいいと思うのはわたしだけだろうか。

天皇

天皇や皇室のことは、慶弔事があったとき以外にはアメリカは忘れている形である。報道や日常会話から判断すると、アメリカは天皇や皇室のことよりもニッケイ・インデックスに現れる日本の株式市場の動きや、日本の対外経済援助や共同防御体制のことや、自動車やコンピューター産業を主とする工業技術や、政治やスポーツにもっと関心を持っている。天皇の戦争に対する無罪論を否定する本や、天皇を有罪とする論説などが現れたときでも、注目したのは一部の人たちだけで、一般には天皇は遥かな国の、アメリカの利害に関係ない人で、とても現世界に影響力のある存在ではないとされたようだ。背景には、アメリカと戦争中でも天皇には政治権がない制度だったから、天皇個人には戦争責任はなかったという従来の解説が一応いきわたっているのではないかと思われる。第二次世界大戦から半世紀以上もたったことではあるし、その間に天皇は代が代わったのだし……。ドナルド・キーンの近著は明治天皇に関する大作だが、一般には、たとえばナポレオンについての新作ほど注目されないのではないか。メディアは、天皇家については皇太子妃の懐妊とか出産を喜ぶ日本人の熱狂ぶりをむしろ平穏に報じている。

ところがコンピュータでインターネットをのぞいてみると、天皇についてのいろいろな情報がたくさん浮遊していることに驚かざるを得ない。一つのサーチ・エンジンだけで天皇関係のサイトが何百と見つかる。インターネットを常用する人が承知の通り、たとえば雑誌記事や論文のリストなどをヒットすると、見たことも聞いたこともない無数の雑誌がある。その一つ一つに天皇に触れた実にたくさんの論説やエッセイが発表されているのだ。中には英語以外のサイトもあり、また重複した情報も多いが、種々のサーチ・エンジンで見つけられるものを合わせると、天皇についての情報が大量にインターネットに載っているのは事実である。

情報がまったく自由な国で、または国境というものが存在しないインターネット上で、天皇について玉石混交の情報過剰が起こっている。検索者が学生ならばある程度は著者名や書名を知っているから、適当なサーチもするだろう。また、学生や研究者は、日本学や日本歴史の文献目録を開いて、必要な情報収集の手始めにするだろう。が、小学生や、検索行為に不慣れな人がインターネットでジャパニーズ・エンペラーをサーチすれば困るに違いない。そこにあるものの大半は昭和天皇に関する原典の不明な情報で、歴代の天皇や天皇制についての情報は見つけにくい。とにかく、昭和天皇に関する項目はほとんど「Hirohito」または「Hirohito」という語を交えた熟語が見出しになっている。

そこで、もし天皇にラスト・ネーム、つまり苗字があったらインターネットのページはどうなっていただろうかと想像してみる。親しい間柄の人間をファースト・ネームで呼び合う習慣の人々は、それでも天皇をファースト・ネームで呼んで情報をインターネットに載せるだろうか。コメディアンや風刺家はともかく、一般社会の人たちは王様や女王たちをファースト・ネームだけで呼び捨てることをしないようだ。日本の天皇でも、明治天皇は「エンペラー・メイジ」というふうに呼ばれ、またそう書かれる。

しかし、天皇のことをアメリカの図書館で調べるときのエントリー（情報検索用の語）は、昭和天皇の場合は「Hirohito, Emperor of Japan, 1901-1989」である。そのエントリーは、アメリカで中央図書館のような役割をする議会図書館が決めたもので、広くアメリカの大学図書館やその他の図書館も使っている。ということは、天皇のファースト・ネームはアメリカのほとんど全部の図書館の正規のエントリーになっているということだ。しかし、それは図書館の便宜上の約束ごとであって、図書館の外、たとえばワシントンのようなプロトコル（外交上の儀礼）にうるさい町ではうまく社会にそぐわない。

ところで、そのアメリカ議会図書館には昭和天皇についての真面目な書籍がどれほどあるのか。二〇〇一年の時点で、「Hirohito, Emperor of Japan」というエントリーの下に百三十二冊あった。館のどこかに別に置いてあるらしい古い本や、未整理らしい新しい葬儀の記録写真集など合わせても総数二百冊少々のようだった。この数にはもちろん日本語の書籍も含まれている。その数値を他の歴史的な人物のものと比べると、キリストとシェイクスピアがそれぞれ二万冊と一万冊で番外にランクするが、ナポレオンの四千冊くらい、ルイ十四世の千二百五十冊くらい、アレキサンダー大王の八百冊くらいと比べても、昭和天皇の冊数は少ない。Confucius（孔子）が七百冊くらいと出るのは、天皇の二百冊にやや近いが、たぶん、この図書館はいちいち数えれば実は膨大な冊数になる帙《ちつ》入りの漢籍を便宜的に一冊として数えているのだろうと憶測している。ちなみに、ヒットラーに関する図書資料は千九百八十九冊数えられるので、天皇の冊数はその約十分の一にしか当たらない。

図書館の外のアメリカ一般では、昭和天皇はヒットラーとしばしば並列された。天皇はヒロヒトというファースト・ネームで、ヒットラーはヒットラーというラスト・ネームで。それは気にすれば少し不均衡であった。しかし、どちらもアメリカにとっては同じとき同じような敵であったので、並列しても少しも不自然ではないという考えだ。両者の歴史的役割やネーム・バリューはほぼ同じと意識されたろう。ただし、二人のうちでは、天皇の方がヒットラーほど憎まれていなかったのではないかという感じがあった。その感じは、アメリカに大勢住んでいるユダヤ系の人たちの強い反ナチ感情の存在に気づけば納得できる。戦争中、ナチ・ドイツのために収容所に入れられて死に追いやられた肉親を持つ人、死を何かの運で免れた人、死の寸前に戦争が終わり救出された人たちの感情である。一方、日本の側では殺されるために収容所に入れられた一般市民はいなかったようだし、軍人の捕虜にしても、ドイツや東欧諸国で捕らえられたユダヤ人に比べれば数が少なかった、という歴史の背景がある。また、ドイツ側には「ナチ」という、短くて発音しやすい悪徳の代名詞のような語が盛んに使われて一般の反感を煽ったが、日本側には、アメリカで使える相応の憎み言葉がなかった。「デスポット（独裁者）」、「インペリアリスト」、「ディクテーター」などの語は「ナチ」ほど語呂がよくないし、「ナチ」と相対しない。

この天皇はヒットラーのようにチョボ髭の風刺画にもされた。しかし、彼は、少なくとも巨悪魔のようでなく、わずかながらユーモアさえ含んでいるように描かれた。ヒットラーのチョボ髭は憎しみの対象、悪の象徴のように扱われた。天皇のチョボ髭は滑稽にみえた。だいたい、天皇は雲の上に隠れたような生活をして、写真や肖像画に顔や姿をあまり残していないようだが、ヒットラーは自己顕示の欲が強かったようで、いつも軍服を着て軍隊やヒットラー・ユーゲントの先頭に立ったニュース写真を残している。挿し絵画家はヒットラーを描くとき、リアリスチックなモデルに事欠かないだろうが、天皇を描くときには空想に頼らなければならなかったのではないか。あいにくと、そのころのアメリカでは、日本人一般のイメージは背が低くて眼鏡をかけた出っ歯の男に定着していた。

そのうえ、昭和天皇にはあの「アッ、そう」というおきまりの受け答えがあり、それがユーモラスに広まっていたのだ。「アッ、そう」は何となく英語でもあり、日本語とだいたい同様なニュアンスで意味が通る。コメディアンが早々に真似て使い、聴衆の笑いを買った。戦争犯罪人として捕まえることができなければ、せめて笑い物にという潜在意識でもあったろうか。

現天皇の呼び名には、エンペラーという号にファースト・ネームが付く。彼は一九九四年だったかワシントンに来訪、メディアも直接話す機会のあった政府の人たちも敬称を使ったようだ。同行の皇后のたっての希望ということで、一行の議会図書館への訪問があった。ある日系の女性図書館員は、そのとき東京の女学生時代の知人のことを皇后と話すことができたとたいへん感激していた。図書館側には、天皇一行が希望した日曜日の訪館には警備員への特別勤務手当てを算段しなければならないので、一行に日程の変更を申し入れていた、という逸話もある。

この天皇一行がロサンゼルスに着いたときには別の騒ぎがあったと報じられた。中国系と韓国系のアメリカ人たちが天皇反対、自分たちや祖先たちが第二次世界大戦またはその前から被った被害に対して弁償を要求したのだ。日系のアメリカ人たちはどのような応対をしただろうか。たぶん世代によって違っていたろうと想像される。天皇のことを知る日本人一世は無く、二世さえ少なくなっているのだ。今は日系三世四世の時代で、ロサンゼルスのリトル・トゥキョウはややさびれている。近年大きな町では韓国系や中国系のアメリカ人の勢力がすこぶる強いのである。

現天皇が皇太子としてアンアーバーのミシガン大学の日本研究所を訪れたときには、大いに歓迎された。「グレーの背広にグリーンのネクタイの好青年」が現れたと『アンアーバー・ニュース』紙が書いている。わたしがミシガン大学に行ったとき、人々はまだその訪問のことを名誉な出来事だったとして話していた。その時、ペリーの黒船が訪日して徳川時代の日本人を驚かせてから百年たっていた。今はもうそれが百五十年になる。

くるま

アメリカの中の日本車について今さら何も書くことはあるまい、と思われるかもしれない。日本の車がどんどん輸入されている一方、アメリカの方々の州の日本工場でアメリカ人の手によって日本車が生産され、町にも田舎にも日本車があふれているという事実は、周知の通りである。まさかこんな所にと思われるような僻地にでも、なにがしかの大きな代理店や修理屋があるし、そんな建物がなければ広告板があるし、新聞雑誌やテレビなどのメディアに日本車の広告や記事が載らない日はない。日本なら国技の大相撲に相当するアメリカのプロ・フットボールの一大広告主は、日本車の会社だ。日本車の売れ行きは大方のアメリカ車を凌駕しており、ある車種部門では日本車が毎年連続ベスト・セラーの一、二位を競い合っている。売り上げ台数は、ドイツやその他の国の車を凌駕している。そして、日本車の生産工場や代理店は、アメリカの主要雇用主として政府や州への多額納税者である。現代のアメリカで、直接にでも間接にでも日本の自動車の恩恵を受けていない人間はいない。

このような日本車の隆盛をだれが予測しただろうか。日本自動車工場のアメリカ進出が噂され始めた一九七〇年の初めごろ、オハイオ州の知事が率先してホンダ誘致を企てた。あるいはホンダの方が先に、デトロイトに近くて土地の安いオハイオ側に近づいたのかもしれない。わたしはそのころのあるパーティーの席で、日本の自動車工場がオハイオにくれば恐らくデトロイトが凋落することになろうと私見を述べたところ、一人の客が躍起になって、ばかげた誇張論だと反対したことを思い出す。当時日本側がどのような市場調査をして、どのような採算を持っていたか興味のあるところだが、多くのアメリカ人はデトロイト自動車工業の強大さを疑わず、日本の産業進出をあまりたいした事件だと思わなかったようである。アメリカはベトナム戦争で少し弱っていたけれども、いつもの大国意識を失わず、日本のイメージといえば、むかし戦争で負かした東洋の小国だった。しかも、それまでにアメリカに入っていた日本製品といえば、カメラとかミシンのような小さい機械や、玩具とか食器のたぐいが多かったので、日本産業の一般的なイメージは小型産業のイメージだった。日本車はアメリカに入ってはいたが、当時は二輪車の方に比重が重く、四輪車ははやりのデトロイト産大型車に比べてひどく弱小に見えた。ホンダの輸入車は特に小型で、高校生などにホンダカー（ホンダという日本名が耳慣れず、それが「カー」だと言わないと車のことだと分からなかったためと、その車が実際に見た目にあまりに小さかったために、若者たちが付けたニックネーム。）と呼ばれて愛されてはいたが、大人たちにはホンダはハイウェーに乗り出すとエンジンが焼けて続走できないとけなされていた。

ホンダの車がまず成功したのは、何よりもオハイオ州に建設した工場で造った製品の品質と性能、次にその製品の価格が理由であったと思われる。工業技術の歴史から見れば、ホンダのアメリカ進出は、先進工業国からのロボット生産技術の導入でもあった。オハイオ州の田舎で始動したロボットは、アメリカのそれまでの工場の概念を変えた。それは人件費を下げて生産能率を上げただけでなく、製品の均一性を保ち、何よりも工場をきれいに保ったのだ。対照的に、デトロイトの自動車工業については、工場が古く、工作機械が摩滅していて、油だらけで、能率も製品の質も良くないという評判があり、またそれを裏づけるレポートもあった。事実、アメリカ車の粗雑さに辟易していたアメリカ人もかなりあったようだ。

ロボットだけではない。人と、経営のフィロソフィーが大切だった。田舎の人には、土地価格の変動、想像される日本人の移住による生活様式の変化、初めて外国会社の工場で外国人をボスとして働くことになるという不安の混ざった期待があった。工場要員の採用にあたっては、自動車工場で働いた経験の有無の可否が論じられ、デトロイトの失職者が考慮されたが、結局遠方からの志願者が多く採用された。日本側は、アメリカの製鉄工業や鉱山業などに起こっていた経営者側と労働組合とのあつれき問題に気づいており、その歴史から学ぼうと努めたのだろう。そのことは、ホンダの役員が一般工場要員と同じ作業服を着て、その要員をアソシエートと呼んで対等に話し合う態度を取ったことにも表れている。その新しい呼び名は平等意識の強いアメリカ人にアピールした。高給不遜の経営者と、油にまみれた労働者との対立はなかった。それ以来、たくさんのアメリカ企業や会社がホンダに倣って雇用者をアソシエートと呼んでいる。社会学者は日本の終身雇用制度を批判していたが、一般大衆は職員を家族ででもあるかのように扱う態度に好感を持ったのである。アソシエートは仕事場の整頓と清潔にも気をつけることを習い、ホンダ工場のきれいさは評判になった。アソシエートの家族は、工場のレクリエーションなどの催しに招待され、管理職の人とじかに話すというような、それまで思いもかけなかった身内仲間的な経験を持った。

ホンダはさらにそのアソシエートの中から選んだ人を日本の本多工場に送り、見学させ、勉強させ、ひいては日本を一層好きにさせて、大方の絶賛を得た。田舎の人々は驚き、感心した。同じアイデアで、ホンダも、ホンダの後からアメリカに工場進出した日本企業も、後には大きな基金を作り、大きなスケールでアメリカの教育や経済に参与したのである。大学や学生は、古くから教育事業を助けていたフォード財団やロックフェラー財団の援助金のほかに、あわよくば日本の企業財団の援助金や奨学金にあずかろうとするようになった。アメリカの中の日本および日本人の位置は大きく上昇したのである。

そのころ、日本からある教授が来訪していた。その教授は専門のほかに美術一般について見識が高い人であったが、ある秋の日、紅葉いっぱいの田舎道を歩いていて、突然足をとめた。紅葉に映えて道端に止まっているホンダのスタイルがいかにも良い、それまで気がつかなかったとうなるように言うのである。わたしは前から、日本車の小柄で飾らない美しさが気に入っていたので、文句なしに同意した。デトロイト車は、日本車という競争相手が身近なオハイオ州にできてからでも、品質、性能、サイズ、スタイル、コストなどの革新に、まだ時間がかかっているようだった。

わたしはまた、ホンダという社名と「Accord」という車の名称がよかったと信じている。特に「アコード」の「調和」とか「和合」とか「適合」という意味も、語呂も、直裁な考えをするアメリカの大衆にすんなりと受け入れられた。もし仮に、三菱自動車か三菱電機が最初にアメリカに乗り入れていたらどうだったろう、とわたしは今でも時々空想する。「スリー・ダイヤモンド（三つの菱形型）の会社」という複合語を使った広告が一時出かけたことに気づいて、ちょっと悲しくなった記憶があるからだ。そのころ、日本語は一般のアメリカ人にはまだ珍しく、発音しにくく、シラブルの多い名前は一種のハンディであった。日産自動車が**Datsun**（ダットサン）という西欧語のような名前を、遂に本来の**Nissan**（日産）に名乗り変えたのは、日本車が一般に信頼され、**DatsunZ**車などがアメリカ市場でホット・カーとして永続的な人気を獲得してからのことであった。アメリカの大衆はなんなくダットサンをニッサンと覚え変えた。

後年、日本自動車産業のアメリカ進出成功に倣って韓国がアメリカに乗り出したとき、日本通の友人が憤慨してやって来たことがある。ある韓国の自動車会社の広告は自社名を「ホンダ」と聞こえるように発音して、無知な購買者を迷わせているというのである。そう言われれば、その会社のマークも競争相手の会社マークと見間違えるように作ってあるように見えた。いずれにしても、普通のアメリカ人にとっては、韓国語も日本語と同じようにふだん聞き慣れない言葉なのだ。アメリカ車の名前はといえば、創立者やその家族などにちなみ威厳の感じられるものもあるが、動物名とか意味のはっきりしないラテン語のような語などで、みんな古い感じで魅力が薄れていた。それである車は廃れていき、ある車は新しいイメージを求めて毎年のように名前を変えた。

しばらくして、キャムリーというトヨタの車がアコードの競争相手となり、売れ行き台数でアメリカ筆頭に立ったが、これも品質のほかに名称がかなり幸いしたと思う。意味がなくても発音しやすく、また覚えやすい。そのキャムリーの語源を日本を訪ねたときに教わり、なるほどと感心した。キャムリーの日本版の車の名が英語の「Crown」で、その日本語訳は「かんむり」、「かんむり」を英語流に発音すればCamryとなると聞いたのである。日本の会社の宣伝部や販売部には天才がいるのだなと思った。しかし、その説明をあるアメリカ人に聞かせたときには感心されなかった。ずっとむかし、ニコン・カメラという名のいわれをニホンのコンタックスだと、あるドイツ系のアメリカ人に説明して軽蔑と怒りを受けたことがあるが、同じようなケースかもしれない。アメリカは人種的にも言語的にも文化的にも画一でないので、新しく売り出す製品の命名には注意がいる。

アメリカだけではなく、たぶん世界にも誇れるだろう日本車レクサスとインフィニティも命名がよかったと思う。どちらも高級車にふさわしい意味があるように響く語で、語呂もよかった。それなのに両社の売り上げには大きな差ができたらしい。わたしは広告に大きな差があったと思っている。両の広告に表れたアメリカ文化、文化の解釈の差といった方がいいだろうか。いうなれば、トヨタはアメリカナイズしていたようで、ずばりと大衆の好奇心を満たした。ニッサンは高級車を買うアメリカの金持ちの知的レベルを買いかぶっていたようで、少し儀礼的に出た。つまり、トヨタは普通の、直接的でだれにでもよく分かる広告文を書き、それに車の写真と性能の説明を添えたが、ニッサンは高尚な、含蓄に満ちた、間接的な広告をして、車の形も性能も購買希望者たちの想像に任せるふうだった。ニッサンの特に印象的だった広告は、新聞一ページに日本の古城の粗い石垣を大写しにして、含蓄たっぷりに「Perfect Balance（完璧な均衡）」とうたったものだった。古城の石垣は世界中どこにでもあるのだから、もっと日本と分かる風物か人物を背景にでもして、車の長所を押し出したらよかった。中級車の分野で性能、品質ともに信用を獲得していたトヨタとニッサンがいよいよ高級車を売り出すともなれば、新車狂でなくてもだれもが車の形やサイズ、性能、値段などを知りたがるはずだ。隆盛時代のデトロイトなら、美女の曲線と新車の形を大きく並べて、それに気筒の大きさなどを書き立てた、派手な広告をしたことだろう。

インフィニティとレクサスの売り出しは一九八〇年代の終わりごろだったが、それから十年たっても、ニッサンは対アメリカ宣伝の方式を変えなかった。たとえば、大きなアニメの蜂が車のエンジンのような音をたてて広野を飛んで消えた後、日本人侮蔑のシンボルのような太ぶち眼鏡と出っ歯の老人が現れて「Have you seen it?（見たか？）」という広告など。その実、何の車の影も形も見えない。アメリカは商品を包装せず客によく見せ、それを買えば包まず袋に突っ込んで渡してくれるという実質主義の国だ。箱入り商品が少ないことはご存知の方も多かろう。本音を包んだ言い方、間接的なやり方、深遠な意味などは、直裁なアメリカ人購買者にはまだとても通じない。

しかし、それが通じるときがいつかは来る。アメリカの大衆はもっと洗練されるだろう。そして、車には国籍による区別がつかない時代がすでに来ている。日本の名を持つ車がアメリカで、日本の資本かまたはアメリカとの合同資本で設立された工場で、日本人経営者の下で日本的な訓練を受けたアメリカ人によって、大部分アメリカ製の部品を使って年々大量に生産され、ジャパニーズ・カーとして売られている。日本で生産される日本名の車が純日本車で、アメリカで生産される日本名の車はハーフ日本車などと言えるだろうか。ある種の日本車は別名で売られているアメリカ車と同じである。クライスラーのある車種は、三菱のエンジンを載せている。そして、そのクライスラーはドイツのベンツ社と合併している。ニッサンはルノー社と一緒になった。誇り高いスウェーデンのボルボ車も三菱との共作、その資本はフォードである。車も、人間の血液のように、ミックスしている。アメリカというるつぼの中では、車の国籍もどんどん溶解しているのだ。アメリカ人が発音できなかったMitsubishiは、今立派な国際商標だが、元は日本の名前であったということを知らないアメリカ人がいる。

日本の車はアメリカの溶解のるつぼを豊かにした。日本の車は、デトロイト製の不必要に大きく、ガソリンを浪費し、そのうえ何よりも品質が悪くてよく故障するというので評判の悪かった車を、徐々にではあるが改善することにも貢献した。デトロイトもロボットを導入し、生産効率も製品の質も良くなっている。アメリカの車がアメリカで市場シェアを失い、自動車工場に勤める元気のいい人々が職を失うことを恐れるあまり、日本製自動車輸入反対の旗を掲げて大きなハンマーを振り上げ、報道陣の前で日本車をたたき壊したことは、もうしばらく前の語り草になってしまった。

食べ物

レストラン・ジャパンという看板の寿司屋に若いシャツ姿の男が入ってきて、立ったまま「ワン、フライドライス、ツウゴー（持ち帰り用中華焼き飯一丁！）」と注文するのを目撃したことがある。板前さんは驚き、ちょっとうんざりしたようだったが、うちは日本の寿司屋だからどこかチャイニーズ・レストランに行ってくれと頭を下げた。時は一九八〇年代の初め、オハイオ州のある町での出来事であった。

それから二十年ほどの間にアメリカ人の意識の中にSushiはしっかりと定着し、寿司と同じようにエキゾチックと考えられていた他の日本食の地位も上昇した。日本の食べ物がアメリカの食生活に大きな影響を与え、アメリカの目をアメリカ以外の国の習慣と文化に向かって開かせる助けをし、アメリカ文化を西欧的なものからいわばグローバルなものに変えている。有名コメディアンの、日本では牛にビールを飲ませて霜降り肉を作り、それを一ポンド三十ドルで売ってステーキにしているという日本的な高度な嗜好に対する嫉みを含んだ揶揄も過去のものとなった。神戸ビーフを料理するレストランはまだ存在するが、イギリスからの狂牛のニュースもあって、古くから代表的日本料理として知られたすき焼きより、今は寿司のほうが圧倒的にポピュラーである。スーパーマーケットの、かつて広かった肉売り場は魚介類売り場に侵入され、肩身を狭くしている。特に東海岸沿いの州では、ガラスのケースに大西洋産の鮭が豊富だ。それが他の州に行くとアラスカからの鮭になる。まぐろのいいところには「Sushi-grade tuna（寿司用まぐろ）」という札が付いている。厚い切り身はマグロ・ステーキとして売られている。別の棚には豆腐や米やNappa（白菜のこと）はもちろんのこと、椎茸やうどんや、醤油を売っている。サンドイッチと並んで、持ち帰り用の寿司や海草サラダの箱があり、それを忙しい勤め人たちやちょっと太り気味の女性らが買っている。家庭に帰れば、テレビの人気番組が会社の会合や若者のデートのシーンを、障子を背にして割り箸を操りながらやっている。事実、箸を自由に使う人が増え、「wasabi」とか「miso」、「sunomono」、「teriyaki」などが日常英語になった。たくさんのレストランが、酒場のバーやオイスター・バー（生ガキ専用バー）にならってスシ・バーを作った。ある信仰の人たちが魚肉を食べることにしている金曜日などには、はやりの寿司レストランは満席になり、空席待ちの客がある。まるで日本のようである。

このような現象には、豊富な鮮魚の出回りが絶対の条件なのであるが、アメリカの魚は、何か韓国系の宗教団体がコントロールする魚市場とその供給機構に負うところがあるという説を聞いたことがある。真偽のほどを確かめることができない。それかあらぬか、韓国系アメリカ人のマーケットに行ってみると、たいへん新鮮な魚介類が大量に並んでいる。

新聞雑誌類も徐々に健康と食生活の関係について、日本食の効用を説き、人々の風俗や嗜好やレストランの動きや流行などを報じるようになった。過食で人口の三分の一は肥大症であると警告する保健厚生省のような役所や医学総監らが、肉食に基づいた古い食べ物基準を穀物や野菜と魚を重視する新基準に改定して人々に推奨し始めた。テキサス州の、どうも日本人化学者が仕事しているらしい大きな化学会社が、テレビに寿司と箸を大映しにして、わが社は日本人の食生活とある種の癌の希少さに注目して、日本食とアメリカ人の寿命との関係を研究しているというコマーシャルを流した。フィジカル・フィットネス（Physical fitness）や栄養学の専門家も日本食に注目した。健康食とか自然食品をうたっていた人たちはもちろん、魚といえば顔をしかめ、主食といえば肉と言っていた大柄な人たちも、ステーキの脂と魚の脂肪の良否を論じ、米や麦や大豆のような穀物の価値を見直し始めた。自分の好みの自由を主張するアメリカ人に、食生活についての深刻な反省らしいものが起こるまでには、セックス開放革命を背景にしたスポーツマン型筋肉質の体形賛美の風潮が世に満ちるときまで待たなければならなかったようである。

そして、ハンバーグのような形の「トーフ・バーガー」が発売されたが、これは長続きしなかった。エダマメはいいが、豆腐はどうも食えないという人もいた。トーフ・ミルクやトーフ・アイスクリームが出た。そして日本製の炊飯器が売れだすと、すぐに中国や韓国製のライス・クッカーが出回った。こうして、半世紀は日本に遅れているのではないかと思わせたアメリカの一般栄養常識が、日本食のおかげでやっと追いつこうとしているかに見える。

しかし、「トーフ」という言葉が一般に聞かれるようになったのは一九六〇年代のことではなかったか。それ以前に一部に知られていた豆腐は中国語音のドーフで、日本語発音のトーフではなかった。

わたしはそのころ、太平洋に沿ったオレゴン州の小さい大学町に住んでいたが、そこで豆腐を買うことができた。普通のフード・マーケットではなく、輸入品のワインやチーズなどパーティー用食品を扱う店であったが、豆腐がDofuとしてでなく、Toufuとして売られていた。それは、日本人移民が住み着いた同州のポートランド市から三、四週間に一回くらいの頻度で遠路買い出されたものだった。

その日本豆腐をあるパーティーで出された。さいの目に切られ、刻んだ青ねぎにおおわれ、醬油らしいものをかけられて、大きな皿に盛られていた。（醬油は、たしかそのころすでに日本の某会社がウイスコンシン州に工場を造って、日系アメリカ人の多い町に供給していた。）そのパーティーのホストはひところヒッピー生活を経験したことがあるのかないのか、長髪と不精髭をたくわえた社会人類学の教授だった。豆腐の栄養価のことをよく知っていて、客に講釈した。わたしは、貴重な料理と思ってその豆腐を食べたが、残念なことに、手にしていたスコッチとどうも合わなかった。もっと残念なのは、パーティーの終わりに見たとき、その大皿がチーズやハムの皿に比べて少しも減っていなかったことだった。学生は髭面とラフな服装で教室に入ってくるが、教授たちは蝶ネクタイとツイードの上着の時代だった。

豆腐がアメリカのどこででも買える普通食品となったのは、日本の食品会社のアメリカ進出に負っている。保存のきく日本の箱入り豆腐はToufuの普及を大いに助けた。しばらくすると、中国や韓国ラベルの箱入り豆腐が出回った。中国系や韓国系のスーパーマーケットでは、どうやら近くの家内工場で作ったらしい豆腐を十個単位で大きなバケツ型のプラスチック容器に入れて売っている。日本側はロサンゼルスの日本人町リトル・トウキョウで豆腐祭りを催して景気を盛り上げている。

豆腐だけでなく、日本や東洋諸国のいろいろな食べ物がアメリカに受け入れられたのには、一九五〇年代から一九六〇年代にかけてのビート族の既成文化への反逆がやや弱まり、ベトナム戦争の難局が高じたころ台頭したコミューン運動の下地があったと思われる。長髪の若者たちが、野や原に共同で自治する小社会をつくって住んだのは一種の自然主義の運動でもあったが、彼らは自分たちで育てた穀物や野菜を大事にし、種々の薬草を試し、特に玄米を食べ、大会社が加工した箱入り食品を嫌い、税金を避け、野の花で自分を飾り、子どもを自由に産み、その子をフラワー・チャイルド（花の子）と呼ぶなどした。そのような運動が、社会人類学者の注意を引いただけでなく自然環境保護者たちを力づけ、厚生関係者たちに健康食のアイデアを与え、食品や料理に関係のある人に外国の長寿国——特に日本——の食生活に注目させ、肉食と加工食品中心の一般アメリカ人に反省を促した。

アメリカの中の日本の食べ物とそのポピュラリティーについて考えるとき、アメリカ人自体の構成の変化を無視するわけにいかない。企業や会社関係の日本人たちとその家族のほかに、アメリカには日本人と同じように味噌や大根や鰻のかば焼きや揚げイカやラーメンなどを好んで食べる人たち、パンよりも米やピタ、ハンバーグよりもピザ、肉よりも魚を常食する人たちが急に大量に入ったのである。英語の人にはなじめない名前や形の食品や、読めない文字の看板や、読めても意味の分からない看板の商店が増えた。新移民に一番開業しやすいといわれるクリーニング店も増えたが、世界のどこか一地方特有の珍しいものを食べさせるレストランも増えた。アメリカの中の日本食は、そのポピュラリティーも、つまりその売れ行きも何もかも、そのような新移民の直接間接の援助を得る結果となった。

たとえばポピュラーな寿司である。寿司店によってはいつも韓国系アメリカ人の客が大勢来ている。新鮮な魚や野菜を売る韓国系のスーパーには、いつもかなりの日本人買物客や日系アメリカ人が来ている。チャイニーズ・ジャパニーズ・レストランとか、コリアン・ジャパニーズ・レストランというような名前を看板にして、アジアの二つの国の食べ物をミックスした店が出現した。入ってみると、寿司バーがあり、また焼き魚やてんぷらもできるような中華料理店や韓国料理店である。客は自分の好みによって酢豚でもチゲ料理でも刺身でも、あるいはその全部でも注文して楽しめるようになっている。この場合、店の調度は中国的であったり韓国的であったりするが、たいていの客は区別が分からないし、また気にもかけない。そんな中華和食店の隣の**Atami**（熱海？）というレストランは、ベトナム人経営の魚介類の専門店で、寿司も寿司バーでやっている。**Genji**という店はさすがに「純」日本的なレストランだったが、客の好みに従ったのか、半分を鉄板焼きの肉にした。源氏という由緒ある日本の名前が、焼き肉の味とにおいとエキゾティシズムに惹かれたラテン系のアメリカ人や黒人アメリカンに親しまれるのはもちろん結構だが、寿司党にとっては焼き肉の臭いや煙は困るはずだ。

そのようなミックスをさらに拡大したのが、たとえば日本のデパートの大食堂のような、アメリカには珍しい大型で多様多彩なレストランである。「パン・エイジャン（汎アジア）」というのがある。「エイジャン・カフェ」というのもある。エイジャンだから当然日本はその一部である。典型的には、まず長い見事な寿司バーがあって、そこににぎり寿司のほかにラーメンもうどんもあり、奥には中国、韓国、タイ、ベトナム、フィリピン、シンガポールなどの料理がふんだんにある。酒は日本で知られたブランドがあるが、その酒造会社がカリフォルニアに進出してアメリカの米で醸造したものである。

チョイスがあるのが個人の人権を尊重する自由平等主義の国のエッセンスと考えるアメリカに、「エイジャン・カフェ」のような多国系のレストランが発達するのは自然な成り行きで、寿司も焼き飯もベトナムのうどんも一つのチョイスである。二十年前にオハイオ州の寿司屋で中華焼き飯を注文してちょっと困ったシャツ姿の男も、現代アメリカでは胸を張って注文の自由を楽しむことができるというわけである。

ミックスに似ているが、ミックスをさらに進行させたような、フュージョン（融解、溶解）・フードと呼ばれる食べ物や、それを専門にするレストランもある。いろいろな料理の特徴を取り入れるというより、特徴を融合してしまった、今までになかった料理である。悪くいえば無国籍料理、良くいえば独創料理である。その出現に寿司の人気が参与していることは間違いない。寿司にマヨネーズやハムやアボガドを使ったものがあることは、すでに知られているところであろう。近年立派な英文の料理の本を出版したニューヨークの有名日本人シェフは、伝統的な寿司職人でありながら、多彩な客の好みによって伝統を破ることを辞さない創作家でもあるようである。彼の店は上客の常連を集めて、全世界に支店を増やしている。アメリカの中の日本、日本的なものの定義に再考が必要なようである。

このようにアメリカの食革命に貢献している元祖日本も融解文化の環境にあり、その食べ物については何が日本的か何が伝統的かと定義することは容易ではないのではないか。回答は単にサラダ味の煎餅やチーズ味の饅頭は純日本的といえないが、てんぷらやカステラはだいぶむかしから日本にあるから純日本的に近いというだけの簡単なものではないと思われる。アメリカは世界の先進から習う態度に欠けていたので、今遅ればせに日本のような、高度に進んだ複合文化の国に成長しかけているという考察が可能である。

アメリカの日本食に江戸の粋のようなものは見いだしにくい。ある寿司屋でカウンターがふさがっていた日、テーブルに持ってこられた寿司のつくりがいつもと違っていると気づいたことがある。新参らしいラテン・アメリカ系と思われる人のにぎりらしかった。わたしの寿司は箸に崩れた。その後、そのルーキー・シェフは一人前の板前になっているに違いない。だいたい、わたしはその店を少しでも疎遠にする必要はなかったのだ。フランス料理や中華料理にしても全部がフランス人なり中国人のシェフの手に掛かっているとは限らない。板前だけではない。入り口にいる人もユカタやハッピを着て「シャイマー（いらっしゃいませ）」と挨拶するが、日本語は話せない。そのうち、「シャイマー」がアメリカの若者たちの挨拶語になるかもしれない。

そんな話をしているとき、友人の白人ワイフがわたしに茶色の錠剤を示して何か分かるかと聞いた。それはシイタケ・ピル（椎茸錠）だと教えられた。彼女の血圧を下げるための薬で、名前は日本の錠剤だが、実はカリフォルニア州の通信販売店が輸入した漢方薬だった。血圧に問題があっても彼女はうな重を喜んで食べたが、寿司、刺身には手をつけなかった。デザートにはジンジャー（しょうが）・アイスクリームを好んだ。ほかに、日本食のうちではニッシン（彼女は車の日産のような発音をした）のラーメンが好きだが、塩分が多いので食べないといった。それから、海草サラダも食べなかった。わたしは、海草をシー・ウイード（海の雑草）というのは間違いで、シー・ベジタブル（海の野菜）と名付け直すべきだという持論を披露した。

うな重といえば、うな重を好物とする白人は多い。てんぷらと並んで脂気が多いところがいいらしい。その海老天をシュリンプ・テンプラと呼ぶのは適切と思うが、うな重をイール・ライスとしてメニューに載せるのはいただけない。アメリカの鰻（Eel）は巨大な醜魚だし、「イール」という音を聞いただけで顔をしかめる人があるからだ。「うな重」という日本名をもっとはやらせたらよいと思う。

同じようにアメリカで受けている鉄板焼き、ときにHibachi（火鉢）と呼ばれる料理は、ちょっと関西のお好み焼きのようだが、アメリカ在住の日本人シェフによって発明されたという。熱い鉄板の上で、ナイフとフォークと長いへらの曲芸を見せながら肉や海老や野菜を料理し、焼きあがったところをナイフやへらの先でぴょんぴょんと遠くの客の皿に投げ込むのである。鉄板は大きいので、店側は一つの鉄板の周りに来合わせた八人から十六人くらいまでの客をまとめて座らせる。呉越同舟のこともある。とかく騒々しい、落ち着けない日本食だ。シンシナティー市のSamuraiという鉄板焼き屋には荒武者のような日本人シェフが「サミュライ」と呼ばれてはやっていたが、同名のワシントンの店のシェフはベトナムかタイからの新移民のようだった。見回すと、確かにベトナム系も交えた雑多なアメリカ人たちがぴょいぴょいと飛んできた車海老の肉を食べていた。食べながらショーを見ることが好きな観光客的なアメリカ人がその発明を歓迎していることは確かだ。曲芸に手をたたいたり感嘆の声を上げたりする者がいる。鉄板焼き料理法を発明した日本人シェフが大金持ちになったという話はうなずける。

当然、日本食の味もアメリカ化している。それは、日本のカレーライスや酢豚などの味に比べられるかもしれない。二十年前にできたばかりのときの「レストラン・ジャパン」の寿司は酢も塩もわさびも江戸前のように利いていたものだが、今の寿司には味気がない。「レストラン・ジャパン」でよく会った初老の白人医者は、アメリカでは初期の寿司マニアだったと思うが、そのころわたしと同じように塩分を控えなければならない体調なのに、たっぷり醤油につけたにぎりや酒をどんどんこなした。塩分のことを指摘してやると、彼は酢飯に塩が入っていることも醤油の塩分の高さも知らなかった。しかし即座に、どんな食べ物でもまんべんなく適当に食べていればそれでよいのだと新しい医学忠告をくれた。そんなときの、寿司の味も酒の会話も、こよなく楽しめたものだ。

それから、日系のアメリカ人に食べ物をもらうことがある。それは数個の日本ナスであったり、数枚のしその葉であったり、数茎のみょうがであったりする。また、漬け物をもらうことがある。アメリカのむかしの家庭瓶詰めを作る器具と方法を応用した、開拓時代の日本人一世独特の製法を継いでいるという。大根を砂糖づけのようにして一風変わったたくあんなどできている。だれも菜園を持っているのではない。小さい庭でなければ鉢に育てるのである。日本人はやはり農耕民族であるとか自然を愛する国民だと意義付けてもしようがない。意義ある存在は、広大な農場を雑草一本もなく経営している日系アメリカ人農夫であろう。わたしは、いろいろな機会に、いずれもカリフォルニアに住む信頼できる人たちから、「日本人の農場は雑草一本も生やしてなく、信じられないほどすばらしい」という感嘆の言葉を何度か聞いたことがある。

東部や中西部の大都会には、区画全部が同じレンガ造りの二十軒ばかりの三階四階建てのアパートになった所がある。同じ建物が通りの向かいにもあり、日射もよくない。そんな所に日系アメリカ人たちが住んでいた。古老の話によると、日系人は自分の家や日系友人の家を、そのアパートに入る石段の横の猫の額とも呼べないような小さい庭にどんな野菜が植えてあるかによって確かめたという。そのような小さい営みを他国系のアメリカ人はからかったというが、日系人にとってはマーケットの野菜は新鮮でないということもあったろう。わずかでも家計の足しにという考えもあったかもしれない。もらった数茎のみょうがには同胞愛がこもっている、というのも簡単すぎる。いわば日本がこもっていると思ったものだ。

肝心の米については、「Kokuho」という商標のアメリカでできた日本の米がもう何十年も続いている。カリフォルニアの人たちが口をそろえて褒める日系アメリカ人の農作ぶりから想像すると、彼らが祖先たちと作った米を「国宝」と名付けた意味合いが分かるように思う。新移民の多いワシントンの「アジア系」のスーパーには、韓国語その他の名前の書かれた大きな米袋が山と積まれている。

探すと「Kokuho」も少しある。近所のスーパーでは「Kokuho」の小袋だけを売っている。

大都会には立派な日本食品店があり、いろいろな名前の日本からの輸入米が売られている。日本米だけではない、きめの細かい真っ白な日本の食パンや、日本産のキャベツやキュウリなどもある。輸入米やキュウリは高級寿司店や日本からの一時滞在家庭の人たちに多く消費されるようだが、パンはどうなのだろう。日本の食パンがアメリカの大衆に受容されるようになるには、まだまだ時間がかかるに違いない。

いずれにしても、衣食住という人間の三大ニーズのうち、日本の「食」が一番アメリカに浸透し、アメリカ文化を更新している。その更新はアメリカ文化の核心に迫っている感じだ。

映画

黒澤明の死を報じた新聞記事にちょっと気になる記述があった。記者は急いで書いたらしいが、黒澤の「用心棒」がスパゲッティ・ウエスタンと呼ばれるイタリアの西部劇の流行に先鞭を付け、また黒澤はハリウッドの西部劇とロシア文学とシェイクスピアの影響を受けたと解説していた。スパゲッティ・ウエスタンと黒澤の間に関係があるとすれば、それはイタリア生まれのレオネ（Sergio Leone）監督が黒澤の「用心棒」に基づいてイタリアで製作した「Per un Pugno di Dollari: 英語版タイトル A Fistful of Dollars（一掴みの金）」がヒット作になったことにあると思うが、このジャンルはそれ以前に少なくともイタリアにすでに存在していた。「A Fistful of Dollars」はアメリカで評判になり、多大の収益を上げて、スパゲッティ・ウエスタンの第一級品とされたのは事実であるが、「用心棒」の黒澤はそれを不正としてレオネを相手取って訴訟を起こしたという事実もある。（黒澤は代償として十万ドルと、「A Fistful of Dollars」の上映総収入の十五％のほかに、中国、韓国、日本での上映興行権を得た。）

黒澤がハリウッドの西部劇とロシア文学とシェイクスピアの影響を受けたといういわれについては、「白痴」や「蜘蛛の巣城」や「どん底」や「乱」など、ドストエフスキーやシェイクスピアの作品に拠った映画がすぐ対象に浮かぶのだが、つまるところは影響とは何かという難しい設問に突き当たる。一つの創作を前にして、だれかが啓発される場合が影響を受けるということになるのだろうか。啓発されて真似るのと消化して自分のものにするのでは違いがあるし、その創作が文学である場合には一字一句が盗作ということもある。映画の場合、文学作品に基づいた作品は何と呼ぶのか。また、古い映画に基づいた新しい改作や再製作品は何なのか。それに、人間には洋の東西や時代を問わず根源的な共通点があるので、陶器や絵画によく見られるように、人間の作ったものには、いくら場所や時間が離れていても、形も模様もアイデアの表現にも同じようなものができてしまう場合がある。贋作というものもある。

さらに、映画は監督だけでなくプロデューサーや脚本家や俳優などの大勢の人間が参与するいわば合作なので、観賞者も批評家も陶器や絵画に対するように一元的に断を下すことはできないということもある。影響が影響ともいえないような単純で希薄な場合だってあるわけで、たとえば、レオネのスパゲッティ・ウエスタンで世に出て一躍大俳優となったクリント・イーストウッド（Clint Eastwood）は、日本映画は「七人の侍」を見たのが生まれて初めてで、次に「用心棒」を見てあのように演じたいと思っただけだと回顧している。このタレント俳優が日本映画から学んだことは確かだとしても、それが影響を受けたということになるのだろうか。

いったい、クリント・イーストウッドがスクリーンで活躍し始めたころのアメリカで、もし映画通や英文学の専門家が、クロサワのマクベスである「蜘蛛の巣城」の存在を知ってそれを比較観賞しようとしても、その作品を簡単に購入したり借用する方法がなかった。図書館やビデオ屋でビデオやDVDが簡単に借りられるようになったのはずっと後になってからのことであった。一般のアメリカ人たちはハリウッドの製品に満足し、外国の映画などに関心を持たず、文化的には極めて偏狭であった。だれも深刻がらず、映画は娯楽で、映画館は通常デートの場所にすぎなかった。そのころもし日本映画がアメリカに入っていたとしても、普通の観客には、よく見れば深刻すぎ、いいかげんに見るとあまりにもエキゾチックだったに違いない。大学の学生でも、地方差はあったが、だいたいにおいて外国映画への関心は薄く、たとえば一九七〇年代のこと、西部のある大学の日本文学のクラスで、だれも芥川の作品に基づいた黒澤の映画「Rashomon（羅生門）」のことも、それがカンヌでグラン・プリを取ったことも、カンヌという名さえも知らなかったことがある。

クロサワやミフネの名は町の映画館の常連からよりも、映画愛好家や専門家の小さいグループからアメリカに広まっていった。たとえば、ミシガン大学には一九五〇年代の半ばごろすでにシネマ・ギルドという映画愛好学生の集まりがあった。メンバーに英文学の博士課程の学生で、萩原朔太郎の詩のことを語ったりベケット（Samuel Beckett）の劇を自演したりする友人がいて、ギルドが「Rashomon」を持ってくると教えてくれた。行ってみると、寒い夜だったにもかかわらず、中型の講堂が学生と一般市民を混じえてほぼ一杯になっていた。映画の後わたしの友人はやや興奮し、その友人の友人は何か文学理論を援用して表現手法とか構成とかを論議した。わたしはそのとき初めてフリッツ・ラング（Fritz Lange）の名前を聞いたのだったが、博識のうえに飽くことのない知識の探求心を持った学生もいるものだと驚異を抱いた。彼らのギルドは特別のフィルム配給ルートを持っているらしく、次はカフカの小説によるドイツ映画だと言っていた。日本映画がアメリカの知識人たちの鑑賞に値する唯一の映画というのではなくて、ドイツやイタリアやフランスの作品に伍してのことであった。

それから十年ほどたっても、日本映画は町の常設館で上映されることはほとんどなかったと思う。わたしはシカゴ大学に移っていたが、そこにもクラシック・シネマという小さい映画愛好者の会があり、暗くした講義室で勅使河原宏の「Woman in the Dunes（砂の女）」や黒澤の「Seven Samurai（七人の侍）」などをやった。そのころまでには、ハリウッドの監督スタージェス（John Sturges）が「七人の侍」を真似て「Magnificent Seven（七人の凄い奴）」という西部劇を作っていたはずだが、そのことは話題にならなかった。スタージェスは黒澤のように金のかかる大掛かりな作品を作ったが、黒澤の影響を思わせるような、人間と社会をえぐる感動的な作品は残さなかった。

オハイオ州の大学の近くには商業映画館がたくさんあった。そのためか、特にシネマ・ギルドのような映画愛好者の集まりはなかった。一九七〇年代はスチューデント・パワーの時代で、学生が講義内容や試験の仕方や採点法に意見を出し、教官の勤務評定をするという体制だったから、学生は単位の取得がやさしいという評判のあるコースに集まり、また面白いという評判の映画を見ていた。総じて、読書量の多い文学のコースは不人気であった。そのとき、大学施政者はコースに登録する学生数と学部予算を結びつけるという機械的な政策をとったので、まずドイツ文学の教授がドイツ映画のカフカの「裁判」を教室に持ち込んで学生数の増加を図った。

振り返って考えると、文学研究方法にも新しい理論が起こり、作品を読まなくても文学と映画を同時に、または同等に、論じることができると信じる若手学者の時代が来ていたのかもしれなかった。わたしは、文学作品を基にして作った映画を見ても文学を読んだことにならないと信じていた。映画には映画として表現描写があるし解釈があり、それはそれとして分析や批評に値するが、同じことはむろん文学にもある。学生が映画と文学の比較をするのはよいが混同や同一視は困る、と思っていた。それでも、ドイツ文学科のように、芥川を学ぶとき映画「羅生門」を持ってきて学生の興味をわかせることも考えたが、教科書として選んだ本に入っている『羅生門』と『袈裟と盛遠』を読むにとどめた。だいたい映画の「羅生門」は芥川の『羅生門』よりも『藪の中』という中編に拠るところが大で、それは黒澤の創作である。文学のコースに映画を導入するには最新の批評理論の裏付けが必要らしかった。

しかし、ある年のコースで、竹山道雄の『ビルマの竪琴』の翻訳をペーパーバック版で学生に読ませ、とうとう映画「Burmese Harp」を導入した。市川昆のフィルムをイリノイ州の教育用品貸借会社から借りたのである。大きな丸い缶入りのフィルムが来た。映写施設のある教室はあったが、通常授業時間の倍もかかるフィルムの時間をつくりだすことは困難だった。しかし、その日には、通常より二割がた多くの学生が出て来た。ぼやけた白黒にかき傷のある映画が終わったとき、女子学生が二人、ぼろぼろと涙を流していた。数日たってから、ベトナム戦の経験があるという年輩の学生が映画に感動したから竹山の他の作品が読みたいと言ってきた。わたしは大岡昇平の『Fires on the Plain（『野火』の英訳）』を薦めた。

　わたしには初めての映画上映は、コースの教材費が小額だったので赤字を出した。それで、「野火」か阿部公房の「砂の女」のフィルムを取り寄せて、赤字と学生数の挽回を図ろうかと考えたが、コースで読ませなければならない原作は長いこともあって、やめた。代わりに、黒澤の「悪い奴こそよく眠る」というフィルムを借りた。フィルム貸借会社の目録の解説に惹かれ、黒澤の辛辣な人間社会の批判を、功妙な怠け者が政治力を悪用する周囲の者に見せたい気持ちだった。当然、経費は自分で払い、その映画を学内だけでなく学外にも宣伝した。日本映画は久しぶりだというアメリカ永住組の年配の日本人が来て喜んでくれた。

　一九七〇年の三島由紀夫の死がニュースになった数年後、町の常設館が『金閣寺』を映画化した「炎上」を持ってきたが、すぐに取り下げてしまった。そのころニューヨークでは「憂国」を「Patriotism（愛国）」という題で上映したところ、観客が切腹のシーンで居たたまれず、途中退場するという小事件があった。むかしから有名だったハラキリがいっそう有名になった感じだった。ある日本文学者はそのときニューヨークにいたが、文学研究の新理論を日本映画の分析にも適用したいということで現代美術館の視聴覚資料図書館に詰めていて、「憂国」事件の体験を逸したそうだ。現代美術館の資料図書館には、日本でもなかなか見つからない衣笠貞之助の一九二〇年代の作品があるので、自分の手でリールを回して調べるのだとの説明だった。一九二〇年代の衣笠の研究なら、川端康成の知識も必要だろうし、古い日本映画を求めてニューヨーク詰めとはご苦労なことであった。当時日本映画を研究するためには、そのような努力が必要だったのである。

そんなとき、ハワイ大学を退官した教授は、自分の趣味と実益を兼ねて日本映画の台詞の英訳をやっていた。狭い字幕のスペースに良い翻訳をすることは難しい仕事だ。劇文学の知識がなければならない。それ自体がアートであるといえるだろう。だから、アメリカで上映される日本映画の字幕には質の良否がある。日本のアニメはまったく英語に吹き替えらるので字幕などないが、普通映画にしてもアニメにしても、アメリカで日本のフィルムが観賞され、より理解されるためには、陰でたいへんな労力がかかっている。

一九八〇年にジェイムズ・クラベル（James Clavell）の小説『Shogun（将軍）』がテレビ映画になったとき、不可解なことが起こった。スタンフォード大学の日本歴史学者を含めた方々の日本学者たちが、その映画が格好の日本研究コースの教材になると宣伝したのである。ハリウッドから宣伝を頼まれたにしてもおかしい出来事だった。どの大学も学生の員数集めに躍起だったからかもしれない。わたしはまずクラベルの原作を読んでみた。それは大衆小説というところで、書かれた史実はもとより、女房の言動などにも変なところがあり、日本の過去への興味よりも、日本を神秘化して好奇心をかきたてる、俗受けをねらった読み物とされた。映画ではトラナガ将軍を三船敏郎、按針をリチャード・チェンバレンが演じ、姫路城が江戸城として表されていた。だが、わたしのいた大学は、学生に興味を起こさせる面白い会話材料を提供するのが何よりも効果的な日本語教育法だと宣伝する一派がいて、彼らが映画「将軍」を取り上げ、緊急に将軍教材会議のような集まりを持った。その集まりで何か一言と言われて、わたしは、その映画を語学コースに使うのは勝手だが日本学のためにはもっと良い教材がある、と率直に言ってヒンシュクを買った。確かに、一九八〇年代にはアメリカに日本の企業や会社がたくさん進出したので、優秀な大学でも歴史学より現代日本の紹介に重点を移し、ビジネスのコースや実用会話を重んずる風がはびこっていた。

そんな騒ぎに日本の識者は注目したのかもしれない。国際交流基金が乗り出して、「源氏物語」や「雨月物語」、「怪談」や「東京物語」、「生きる」、「女が階段を昇る時」などを含む優れた日本映画が一度にアメリカに来たのである。その一本一本に、権威あるアメリカの日本研究学者や日本映画研究評論家らの適切な解説が付いていた。オハイオ州の町でも教育テレビ局がそれを全部放映した。そのときの一本、森鴎外の話に基づいた「山椒大夫」を高校生になっていた娘が見て、日本映画があんなに悲しいのならもう次の日本映画は見たくないと言った。奇妙なことには、これらの映画の放映中にも放映後にも、日本語教育法の専門家たちの緊急集会はなかった。学生たちの反応も微小で、わたしは気の合った政治学の友人とそのワイフたちとしばらく映画の話をして満足した。他の州や他の大学でのこの映画シリーズに対する反応は、そんなものではなかったはずだ。

一九八〇年から九〇年代にかけてハリウッドに何が起こっていたのか注意していなかったが、町の古い劇場が二つも、長すぎるとか風紀上の理由とかで普通館が上映しない映画や一般大衆に縁遠い輸入映画を見せ始めた。そのうちの遠い方の劇場には、フランス一九二七年の幻の大作「Napoleon

Bonaparte」や、同じように長い小林正樹の「人間の条件」や黒澤の「乱」がきた。そのたびに劇場の持ち主が舞台に出て挨拶し、ドアー・プライズなど紹介するのが常であったが、観客は気の毒なほど少なかった。その持ち主は一種の映画狂のような人だったが、欧画や日本映画にとってはありがたい存在だった。

そのときまでには、黒澤はさすがに知られていたので、「乱」は地理的に便利な普通館で上映すべきだった。「人間の条件」にも「乱」にも、長すぎるということ以外の商業的または文化的な問題があったのだろうか。やはりそれは土地柄といえそうで、アメリカの大衆を外国映画に引きつけるのは容易でない。「Ran」というタイトルは英語としてはまずく、何とかならなかったものかと思う。オハイオの新聞の批評は、人間の動乱と興亡という内面よりも、撮影規模の大きさやリアリズムの技術面に注目した。

伊丹十三の「たんぽぽ」は一週間以上続いた。わたしにとっては今村昌平の「復讐するは我にあり」の方が数倍見応えがあった。性のあからさまなシーンが入っていたが、人間の深部をうかがったたいへん優れた映画だと思った。そう思って劇場を出ていると、日本の教育制度の研究をしている教育学部の教授が声をかけてきて、あのラスト・シーンで風に向かって投げたものは何だったのかと聞いた。彼はそれが何か分からなかったので、映画の結末が不透明だったと言う。教授は仏葬とキリスト教葬の違いに気づいていない。わたしは、あれは骨壷から灰をつかんで投げたのだと教えた。

一九九〇年、黒澤がハリウッドに招かれて終身アカデミー名誉賞を受けたときには、会場総立ちになって長い拍手を送った。開いてみた映画芸術や歴史を論じる書物で、黒澤の業績をたたえないものはない。アメリカにも黒澤映画の製作費用と匹敵する大作や、黒澤のリアリズムに比べられる迫力のある作品を製作した監督は現れたが、黒澤映画のように人間の真髄をうがち、思想の深みを持った映画は創られなかったのではないか。

一九九三年には、ハリウッド映画「Rising Sun」が封切りになった。監督はコーフマン（Philip Kaufman）、主役はボンド映画で名を成したショーン・コネリー（Sean Connery）が演じて一般の興味を引いた。ハリウッドが現代日本を題材にした数少ない例で、ヤクザとビジネスを描いたが、本当の日本人俳優の出ない日本の映画だった。

技術革命の時代で、視覚芸術も娯楽も変わった。日本や中国や韓国で生産されたビデオ・カセット・レコーダーがまたたく間にアメリカ中に広がった。貸しビデオ屋が乱立し、大学や公共図書館の視聴覚資料が急増した。近郊にホンダの工場がある町の公共図書館では、駐在日本人のために珍しいオペラや交響楽団の公演や日本映画のビデオ・カセットを充実させた。その後、有線や人工衛星で映画が家庭に届くようになった。

政治の町ワシントンでも、日本映画は上映されるにはされるが、他の国の映画に比べて少なく、かつ現代日本の新作が来ないのは不思議である。市内のある大学近くの特殊映画劇場が、フランスやベルギーや北欧諸国の映画と並べて日本映画を上映したことがある。どんな基準の選択に拠ったのか、日本映画は阿部定の事件に基づいたのが来た。新聞が否定的な警告批評文を書いた。観客は二十人ほどしか来ていなかったが、ダイ・ハードな映画ファンはいるところにはいるものだ、アメリカにも映画「芸術」は生きているのだなという感じが少しあった。が、この奇特な劇場は経営難に陥り、一九九六年には閉鎖してしまった。

その空白を補うものとはいえないが、フィルムを保存する国立美術館や博物館が映画上映会を開く。美術館に映画の専門家がいるのか、日本大使館か日本国際交流基金などのサポートがあるのか、部外の者には分からない。国立の一つ、フリアー東洋美術館は、一九九七年だったか、珍しい溝口健二や小津安二郎の映画を見せた。しかし、フリアーは東洋全域をカバーする美術館なので、日本映画は中国やインド、エジプト、トルコ、パキスタンなどの現代映画の一部として出されたので、上映の一時間前から配布される整理券がなくなってしまうことがあった。上映目録をみると、日本以外の東洋諸国の、女性を含めた若手監督の野心的な最近作が、日本の巨匠たちのクラシックと対立させてあるようだった。

古い日本映画については、ワシントンにはジェック（Michael Jeck）という外国映画専門の批評家がいて、彼が選んだものに解説を付けて、郊外にある多国語テレビ局から時々見せる。わたしは「麦秋」をぼやけた画面で見た。また日曜日の夜には「暴れん坊将軍」と「はぐれ刑事」を交互に放映したことがあった。しかし、ある日本通の友人は、その局の存在すら知らなかった。局の電波が弱くて受信が難しいうえに、番組予告が見つからないのだ。

あるときジェックが関与して、国立美術館が大きな講堂を使って市川昆の作品を十二本も見せた。

実際は国際交流基金の仕事らしかった。十三本のなかには、むかし学生に見せた「ビルマの竪琴」や、見たくても見ることができなかった漱石の「こころ」と「吾輩は猫である」が入っていた。この上映会には国費による宣伝が効いてか、いわゆるソフィスティケイテッドな（趣味や美術観賞に洗練された）人々が大勢出席した。「日本橋」が完となったときには、一同がしばらく拍手した。芸術というものはやはり普遍性があるものだなと納得できる数十秒だった。

そのころ、ニューヨークで新聞雑誌が「Shall We Dance?」という日本の現代映画を褒めた。それがワシントンの常設館に来たのでわたしも見た。日本の現代生活の描写は分かりやすく、比較や批判の対象になるはずなのに、皆つまらない滑稽な場面ばかりを話題にした。日本は、諸外国の持ってくるような、もっと濃度のある映画を送り込まないと、かつての日本の製作者たちがうち建てた日本映画のポジションが弱まることになるだろう。普通商業館への持ち込みは難しいにしても、国立美術館での市川作品の上映のときのように、良い映画は良いと分かる人間がいるにはいるのだから、宣伝なり、持ち込み方なりを工夫すればよい。大学などにも分かる人間はいる。

大学には映画研究部門がある。それはたいてい芸術学部の一部であるが、テレビや放送の部門もあり、コミュニケーション学も入りこんでいる。器械や技術や演技面のトレーニングを含んでいる所も多い。映画関係のプログラムだけを見ると、一九九〇年代の初めごろ、修士以上の学位を出す大学が五十くらいあり、そのうちの十のプログラムがカリフォルニア州にあった。ミシガン大学には日本フィルムの専門家がいて、日本のイメージ文化についてのセミナーをつくり、インターネットで研究情報を出版している。他の大学に日本映画の研究や、日本映画のアメリカ文化への影響を調べている人がどれほどいるだろうか。

＊＊＊

アニメはアメリカの中のポピュラーな現代日本映画と言える。また、ゴジラ映画のポピュラリティーを軽視するわけにはいかない。ゴジラは結局アメリカ文化の皮層にいちばん広く入り込んだ日本映画だったかもしれない。その荒唐無稽な空想は現代にリアルで、ゴジラが現代発生するという発想は識者をさえ驚かせたようだ。ゴジラは、前の時代のキング・コングの生まれ変わりでもあるかのように老若男女に親しまれ、愛された。アメリカの映画技術者たちは、ゴジラの製作技術とアニメ技術から大いに学ぶところがあったと聞いたが、細部は知らない。スティーブン・スピルバーグ（Steven Spielberg）の宇宙ものや空想古代動物ものなどが、それに当てはまるのかもしれない。

しかし、アニメはアメリカでもディズニー以来進んだものがたくさん製作されたはずだ。初めに影響を受けたのは、むしろ日本側ではなかったのか。いずれにしても、二十一世紀の現代アメリカのテレビや映画でポピュラーなアニメは、大半日本製の英語吹き込み版のようである。知らない人は英語の声にだまされて、日本製だと気づかない。また、アニメに活躍する動物や人物は、中性的な怪物であったり、髪は金髪で、目はキューピットのような子どもであったりして、いずれも国籍不明、それで日本原産だと分からない。わたしの娘が訪日中にテレビに向かって「あれっ、アストロボーイがいる」と叫んだことを思い出す。彼女は、アメリカのマンガを日本のテレビが輸入して放映していると思ったのだ。それはずいぶん昔だったが、そのとき初めて彼女もわたしも、アメリカの子どもに人気があるアストロボーイは、日本の鉄腕アトムだと知ったのだった。

もっと新しい日本アニメのポケモンは、メディアが、おもしろい日本的な造語として何度もその語源の説明をしたので、広く日本製と知られたが、その映画は間もなくどこかへ消えてしまった。はやらなかったのかと思っていたら、その道に詳しい友人が、ポケモンは方々の電子器械に急速に浸透して、そこでアメリカの娯楽産業に大きな影響を与え続けていると教えてくれた。日本映画のあるものは、うかつな人間が気づかない分野に浸透している模様だ。

ゴジラでもポケモンでも日本産の映画キャラクターは、映画界だけでなく全アメリカの、いや全世界の子どもや大人に、そしてまた子どもや大人の玩具に、絶大な影響を与えているらしい。それは商業文化に及ぶ影響だけだと割り切ることはできない。一口に言うとマンガ的と言えそうなその新文化は、大衆のライフ・スタイルを変え、人間の社会組織や頭脳の深層に入り込もうとしているのではないか。そのような「影響」は、また別のトピックとして扱えるだろう。

音楽

ワシントンのナショナル・モールと呼ばれる議事堂の前からリンカーン記念堂に向かって延びる長い広場は、両側に各種の美術館などが並んでいて、なかなかのカルチュラル・センターなのだが、ホワイトハウスもあるのでやかましく、そこは音楽の場所ではない。

ある日その広場を歩いていて、わたしは愕然として足を止めた。聞き違いかと思った。テンポは速いが、何と、むかしの日本の小学校の卒業式の歌のメロディーが流れているのだ。もう一度耳を澄ましてみてもそうだった。見回すと、その音はモールの南面に一つだけおいてある回転木馬から聞こえているらしかった。しかし、はしゃいでいる子どもたちはもちろん、周りの大人も、広い空に散っていく音には気もかけていなかった。

わたしは回転木馬に近づいて、年輩の木馬運転手と話してみた。あれはいろいろの曲が自動的にかかるようになっているので、それがどんな曲だったか、他にどんな曲が入っているか知らないという答えだった。カーニバルの経営者が意味も由来も考えないで、木馬の回転に合いそうなドイツやアメリカの曲を選んで録音したのだろうと推察したが、木馬のテンポでブガブガとワシントンの空に消えた音は、わたしには「仰げば尊しわが師の恩」という歌詞のメロディーであったようで、それは遠い日本の音楽だった。

＊＊＊

音楽、特に歌詞を伴わない音楽は、言葉の芸術のように翻訳や解釈を必要としないから、異文化の間でもスムーズに流通すると思われるのだが、日本音楽のアメリカへの流入の速度はゆったりしていて、その広がりの度合はまだ微小であるといわざるを得ない。武満徹の交響楽は、まだどの楽団のレパートリーにも入っていないようだ。一九七〇年ごろだったか、坂本九の「上を向いて歩こう」が、何の拍子か「Sukiyaki song」という名になってちょっと広まったが、まもなく消えた。日本のニュー・ウェーブの音楽もしばらく前に紹介されたが、定着しなかった。同じころ、日系二世作曲家の、鳥をテーマにした幻想曲のような作品をFMラジオで聞いたが、それ以後聞かない。能曲や謡曲のような日本の古い音楽は、アメリカ大衆の耳に触れることはあるまい。琴は、日本から演奏旅行中の現代琴の独奏家の公演があったが、楽器のほかは新味がなかった。アメリカ人のブライアン・ヤマグチは琴の新しい解釈を打ち出そうとしているようだが、その独演はえてして小さなリサイタル・ホールなどでひっそり行われるばかりである。華やかな桜祭りなどのときの琴の女性合奏は、戸外でやると、聴衆は音楽よりも着物のほうに注目する。ある桜祭りの琴の演奏の際、日本に進駐した経験を持つ老人から、日本の音楽は「シイナノヨル（支那の夜）」というのがよかったと聞いて驚いたことがある。琴より、むしろ日本の太鼓音楽の方が影響を起こしているかと思うが、一般には鉢巻きやふんどしのような楽士のいでたちの方が音より人を引きつけるようである。

一方、世界的に活躍するアメリカの独奏家の中に、日本の民謡や子守歌を選んで演奏する人がいる。たとえば「五木の子守歌」とか「荒城の月」などをチェロやフルートで演奏する。これはそれらの演奏家たちが、日本のメロディーに惹かれたからに違いない。この場合の曲（＝日本）と楽器（＝西欧）のコンビネーションが、宮城道雄の琴の合奏によるビバルディーの「四季」の場合と逆になっていて面白い。ポピュラーな大衆音楽に取り囲まれて、古典音楽を守る中世の小さな城のようなFM放送局が、アメリカでは西部でも中西部でも東部でもそんな日本の曲を流している。FM放送局の音楽担当者の中に日本のメロディーが好きな人がいることだけは確かだ。CDもいろいろと作られてミュージック・ストアに並んでいるが、売れ行きがよくないためか他の音楽CDに比べて高価である。これらのメロディーに対するアメリカ一般大衆の反応はよく分からない。

ところで、アメリカや西欧の音楽家が演奏する日本の曲を聞くとき、何か違和感を感じることがある。特に高名なソリストの演奏であっても、たとえば「荒城の月」の出始めからして、どうもしっぽりと「春高楼の花の宴、巡る杯影さして……」と訴えてこない感じがするのだ。それはわたし個人の不当な感じだろうか。仮にフランスやイタリアやドイツの音楽批評家に、アメリカや日本の歌手が歌うシャンソンや、シューベルトのリートや、ベルディーのオペラのアリアなどを聞かせて、意見を聞いてみたらどうだろう。そのような疑問や質問は、ある文化の他の文化への影響や、日本語から英語への翻訳の問題について考えるときのメンタル・エクササイズとして好適だ。

逆にこんなことがあった。二年間の日本留学を終えて帰校した日本語専攻の女子学生が、パーティーの席で演歌を歌った。日本で町を歩いたりテレビを見たりしているうちに演歌の声調に惹かれ、コンサートに行き、家に帰ると好きな曲の歌詞を求めて自分で読み、また日本人の友達に意味を尋ね、遂には声調や歌詞だけでなく演歌の雰囲気も何もかも好きになったと言う。そう言うだけあって、さよならパーティーでプレゼントしてもらったという自慢の着物を着ての熱演は、何と情緒たっぷりなのであった。彼女は、その演歌の、何かの思いに耐えて旅するというような心情と表現は「ムービング（感動的）」で、身にしみるのだと告白した。

演歌は、少なくとも心情的には、アメリカの男女が歌うカントリー・ミュージックとつながるのではないか。言葉はもちろん異なるが、時に綿々と歌い語る恋の情念とか、ちょっと投げやりなあきらめの人生観とか、その反対のしっかり強く生きましょうという態度も、またシンガーと聴衆の熱狂的なつながりも、芸の社会的な効用も、共通性を持つようだ。専門家でそんな説を立てる人はいないようだが、この二つをもっと詳しく比較して賛同してくれるアマチュア音楽愛好家はいないだろうか。だいたい、日本製のカラオケ器具がカントリー・ミュージックに有効裡に使われていることだし……。しかし、そんな考究は音楽の影響の問題よりも比較文化人類学ないし口承文学研究の将来の課題かもしれない。日本音楽の研究では、ある教授の名前を耳にしていて一度公開講義を拝聴したが、音楽理論の知識が必要で、アメリカの音楽文化への影響の可能性の探求には役立たなかった。

演歌やカントリー・ミュージックに限らず、一般に音楽の鑑賞と理解の問題はアメリカと日本との間だけではなくて、どの文化どの国どの愛好家も当面する課題であろう。音楽はどの文化どの国にも長く存在する生きた人間遺産であるが、異文化圏の音楽の鑑賞と理解は、どの文化どの国でも疑問や問題なしには達成できない。アフリカ産のジャズやラテン音楽が比較的広い文化圏に受け入れられ、アジアやアラブ諸国の音楽がそうでもないのはなぜか。音楽とは、その本質に受け入れられたり受け入れられなかったりする何かを持っているのだろうか。あるいは受け入れ側に何か問題があるのだろうか。文化が混ざり合っているアメリカでは、音楽のポピュラリティーは、その音楽を生んだ地域からやって来たアメリカ人の人口に比例するといえそうである。多くのアメリカ人は、いわばそれぞれの遠い「祖国」の音楽を楽しんでいるのだ。それでは、ベートーベンやブラームスやチャイコフスキーのような西欧やロシアの音楽が、なぜアメリカだけでなくもっと広い世界に受け入れられて影響を与えているのかという問題があるが、それはまあ芸術の持つ永遠の問題というものだろう。

歌詞を伴う音楽には能楽なども含まれるが、印欧語に比べて格別難解とされる日本語で謡う曲はとても理解されない。翻訳を通じて意味はだいたい知っていても、隠された仏教的な世界観などは不可解である。それでも、本当の能も歌舞伎も何度かアメリカで公演された。狂言もあった。大勢の人が意図が立派で記念すべき事業だと認め、公演会場には着飾った紳士淑女があふれた。しかし、主催者側や美術批評家が書いた紹介や出し物の解説を気をつけて読んでいない限り、反応はただ変わっている、珍しいということではなかったか。紹介や解説やレビューは、たいてい異国の風俗や文化現象としての説明が第一、劇としての解釈観賞が第二で、音楽が扱われるのは三番目になる。わたしが読んだ日本芸能の公演解説は、いずれも日本研究の権威的な本を基にしていることが明らかで、安心できた。アメリカで日本音楽や劇の公演をするにあたっては、イタリア・オペラやドイツ・オペラを公演する場合に比べて、いろいろの準備や解説が絶対に必要で、それはアメリカに入る芸能に課されたハンディである。また、学生にはもちろん、ちょっと日本に興味を持つ程度の一般人にとっても、切符が高価なのも、一つのハンディである。

当然、アメリカの能の専門家に謡曲のできる人がいる。能を英訳したある人は横笛の達人で、学内で不快な紛争があったとき、廊下で袋からやおら取り出した笛を吹き、一同を驚かせた。彼は安心を求めて笛を吹くという。またある女性日本学者は観世流の先生について上達し、大阪で本当の舞台に立った経歴を持っていた。ある高名な日本学者の隠し芸は、狂言の太郎冠者である。また、四国で修行して尺八がかなり吹けるようになった日本研究専攻の学生がいた。そんな人たちのデモンストレーションを日本研究会議や特別講演やパーティーの席で観賞したことがある。どれも大変結構に聞こえ、音楽の理解には、やはりその音楽を生んだ文化の理解が必要だと思った。

話が飛躍するが、アメリカや西欧のどのオーケストラにも常任楽士として活躍しているアジア系の人たち、その中に交じって若い日本人たちがいる。アメリカで活躍するプロのスポーツ選手のようには、とても一般大衆には知られてはいまいが、アメリカのオーケストラで、日本人楽士のいない楽団はないだろう。その人たちは異国に住み、異国のコンポーザーの音楽を理解して演奏しているわけである。大交響楽団の指揮者になっている日本人、ゲストとして各国人混成の大きな楽団を指揮する日本人、押しも押されぬ独奏者として活躍している人たちもそうである。アメリカの中のそんな日本人の芸術家は、交響楽団や音楽愛好家に喜びと潤いを与え、自分たちも幸福そうである。ひところのアメリカでは、外国人であるショーンバーグやストラビンスキーのような人たち、またラフマニノフやドボルザークなども音楽界に貢献したが、彼らの場合は政治的な事情で家を失ったり国を失った、気の毒な亡命者だった。それでショーンバーグとストラビンスキーはアメリカに帰化したのであった。今日本名をオーケストラ団員のリストに連ねている音楽家たちは、日本からの亡命者ではない。彼らは、音楽を普遍に浸透理解させるチャンピオンだ。

楽器についていては、日本製の楽器がアメリカの方々で受け入れられている。ジャズやロック楽団が日本製の楽器を使っている。若者のバンドの電気ギターもドラムも日本製である。そしてアメリカの祭日や催し日のパレードを見ていると、誇らしげな学校の名前の旗に続くバンドのドラムに、学校の名前でなくYamahaと書いてある。ホテルのホールで使われる音響装置や楽器もそうであるし、大学の音楽学部の学生用のピアノも日本製である。そのほかに、何百何千万のアメリカの家庭や個人が日本製のステレオやスピーカーなどの音響装置を持っているか量りしれない。彼らの車にも、それが日本車でなくても、日本製の音響装置が搭載されていることがある。クラブやバーなどでは、日本製カラオケ用具が「キャラオキ」と発音されて盛んに使われている。しかし、それら日本製の器具が使われているということはただそれだけの事実であって、アメリカの中の日本の文化というものではない。

日本の「東京カルテット」は、モーツァルトなどの演奏で知られている世界有数の楽団であるが、イタリア製の古い珍しい弦楽器を使うことでも有名である。一般に、アメリカに演奏旅行するときの日本の交響楽団は日本製の楽器を使わないのだろうか、と思うのは音楽の無理解者ということなのだろう。あるときのＮＨＫ交響楽団のプログラムは、プロコフィエフの交響楽が主で、あとは中国系アメリカ人バイオリニストのシベリウスと、日本人琴演奏者の独奏だった。琴の曲は日本人ではない作曲家の前衛的な作品だった。考えるほど、交響楽とは、音楽とは、不思議な存在である。

影響

文明でも文化でも国でも人間でも、外部の異質なものに触れたとき、何らかの反応を起こし、変化し、進歩したり堕落したりするものであることは否定できない。それが影響というものだろうか。とすれば、わたしたちの存在の全部が影響の歴史、似たもののバリエーションであるといえる。また、人間はいつ、どこにどのように住んでいても人間で、地域や時間や人種を超えた共通性があり、遥かな種族が近い種族と似たようなものを構築したり、同じようなものを生産したりして、それらを同じように使って生活した。離れた所に似たような神話や信仰があり、同じようなピラミッド型の構築物が存在する。縄文土器とか紺がすりといえば日本のものと決まっていると思いがちだが、同じような色柄の物がアフリカの奥地などにあったりする。歴史や文化人類学、美術史、宗教史のような分野をのぞいてみると、そのような好奇心をそそる事例がたくさんあり、そのどちらが先であったか、両者の間にはたして何か疎通があったのか、という疑問の解明は容易にできない。何が何から影響を受けたとか、だれがだれに影響を与えたと言うことはやさしいが、それを証明することはきわめて難しい。

にもかかわらず、本書は日本のアメリカへの浸透を探り、その影響の具合について記してきた。日本の影響はいろいろなところに認められ、あるものはアメリカの新しい文化の一部になっており、異質なものに逆に浸透されてオリジナリティーを失ったままアメリカに定着している。しかし影響は一元的にまた一方的に及ぶものではなく、また一時的とも限らない。オリジナルと思われるものが往々にしてすでに影響の産物である。あえて「影響」と題して、ここでは、偶然の近似かもしれないが、日本の影響もあるのではないかと思わせるものを扱ってみる。

たとえば生け花である。アメリカには池の坊や草月流の支部が各地にあり、やることは日本の「おはな」と同じらしい。会員の集まりがあるようだし、その会員が祭りや見本市や記念日の催しなどで、花を使った実演や陳列をするのも同じである。しかし、花を生けるという人間の行為は、古い絵画を見てもむかしから方々の国で行われていたことが分かるし、現在どこの国の邸宅内でも小さい家庭でも生け花を見ることができる。英語ではフラワー・アレンジメント（Flower arrangement）という言葉があり、生け花はその一つのスタイルとして雑誌でも記事にされ、時々はテレビにも紹介される。

生け花とフラワー・アレンジメントの違いは、茶室の一輪挿しのように、花や枝が少なくて空間の多いシンプルなのが日本の生け花で、センター・ピースという呼び名があるように、部屋やテーブルの真ん中に置いた大きな盛だくさんの花は西欧的でフラワー・アレンジメントと呼ぶ、とわたしは単純に思っていた。ポートランド市のバラ祭りや、パサデナ市のローズ・パレードなどは大型のアレンジド・フラワーだ。ところがある日、着物を着た白人婦人から日本の生け花にも大きな盛り花があり、アメリカにも床の間に置くような小さい花の扱い方があると教えられた。婦人がアメリカに池の坊が入る前のことを言ったのか、日本の影響を受けた後のアメリカのことを言ったのか不明だった。後に、その婦人が数本の花で生け花のデモンストレーションをしたとき、花は心の美を生けるもので、花を一定の型に整えるだけのものではないと解説するのを聞いて、うかつにも忘れていた「華道」という語を思い出した。なるほど、日本の生け花とは深い芸なのだな、と分かったような気になった。とすると、形を見て心を見ない人が多いアメリカでは、それは教えにくいだろうと思い、教えてもはたして生徒にどれだけの影響を与えるだろうかと考えた。生け花に関しては、本当の先生がいて、生徒が「心」が分かるようにならない限り、英語で書いた折り紙の手引書のような図解生け花教科書だけではとてもだめで、影響など与えられないだろうと思う。

日本の茶道もアメリカに入っている。その道に通じた日本からの女性や男性がいて、会があるようだし、祭りや記念日などに茶会のデモンストレーションなどをやることは、アメリカの華道の場合と似ている。しかし、茶は多くのアメリカ人にとってはコーヒーよりも日常的な飲み物である。一方、一部のアメリカでは岡倉天心の『The Book of Tea（茶の本）』がむかし岡倉を取り巻いたボストンの裕福な貴婦人連に読まれ、後にはサンフランシスコの反社会的、反体制的な若者たちにも読まれた事実がある。茶は、アメリカの一部では天心の説くかなり神秘的な東洋の精神主義に結び付けられていたのである。よく新しい茶に関する本が本屋や美術館の売店などに並んでいるが、それらの内容は日本の茶道についてだけとは限らない。売られている茶器も中国や韓国の器だったり、アメリカの東洋かぶれのアマチュア陶工の作品だったりする。そして、全国に支店を持つティーバナ（Teavana）という店ができている。それはティー（Tea＝茶）とニアバナ（Niavana＝涅槃）を結んだものらしく、店内には朝鮮人参の茶やイギリスその他ヨーロッパ諸国の茶もあり、アメリカ茶としてはアイスクリームのようにいろいろなフレーバーの香料や薬味の茶葉が並んでいる。日本語で茶道と書いた軸の掛かった床の間のような展示棚では、緑茶と塗り箸など売っている。今アメリカの茶は、反体制のヒッピー族の末裔や、ヨガに凝る人々や、チベットの宗教に惹かれる人々だけでなく、広い層の人に愛されている事情が分かる。彼らの「茶室」はいろいろな香の臭いに満ち、アメリカ人は現代のストレスを忘れて涅槃に近づくという趣向だ。

Shiatsu（指圧）、**Sho**（書）、**Kyudou**（弓道）、**Bonsai**（盆栽）なども日本語の発音で、生け花と同じように広まっているが、それらの内容がどれだけ日本のもので、どれだけが他の国からのものか分からない。日本でそういわれる技芸事よりももっと異質なものが混入していることは確かである。

庭園も日本だけのものでなく、どの国にでも昔から造られている。そのうちの幾何学的な庭園が西洋で、自然の公園が日本とは一概に言えない。アメリカにある石庭や茶室などが組み込まれている庭は、そのデザインが日本の庭園のようなら日本の摸写というべきか。そして、日本の庭師の銘があれば日本庭園とするべきなのか。池を含めた構成が日本の庭園のようでも、高い噴水があればどうなのか。アメリカと日本では自然に対する態度が違い、哲学というか、たとえば禅思想の理解が違うので、形は同じでも肝心なところは同じではないかもしれない。影響を考えることは、考察の対象が庭園のような表現的な事物であっても大変難しい。しかしわたしは、真似事のような粗雑なアメリカの日本庭園でも珍しいものとして愛観してきた。

Icy Hot Patchという薬用膏薬は変わった事例だ。アイシー・ホット・パッチは「冷熱膏」とでも訳すべきか、肩のこりや筋肉の炎症を和らげる効果があるという。ひところアメリカのテレビが、日本で名の通った同様製品を広告したことがあるし、その製品を薬局でも買えるので、アイシー・ホット・パッチはそれを真似た製品ではないかと思われる。そんな製品がアメリカにどれだけ受け入れられているか分からない。ある年輩の日本人が膏薬らしい臭いをさせていたが、アメリカの製品を使用しているのか、日本の製品を使用しているのか知る由もなかった。他の日本の事物と同じように、膏薬も元は中国産かもしれない。ヨーロッパのむかしにもあったかもしれない。アメリカには塗り薬はあったようだが、膏薬は存在しなかったようだ。

アメリカのKarateは日本からの「空手」だと思っていたが、方々の国から来た人々の間に広まっているうちに違った流派が興り、その結果、その名前も実質も片隅に押しやられてしまったのではないか。わたしが初めてアメリカのKarateに気づいたのは学生の日本留学が盛んになりかけた一九六〇年代で、初期に留学して帰学した学生が、色付きの「カラテ・ベルト」を見せたときだった。彼は「ドージョー」「センセー」「レー」というような日本語を自慢気に披露した。すぐ、彼とその仲間がカラテ・クラブをつくって愛好者を広めたのを見た。その「カラテ」がいつのまにか「コリアン・カラテ」に変わった。空手の実質が変わったのか、空手の先生たちが韓国系に変わったのかといぶかった。しばらくすると、コリアン・カラテという重箱読みのような語は、「テーカンドー(Taekwondo)」とか「タイカンドー」と呼ばれるようになった。この名称の推移には、アメリカにおける空手流派の興亡や道場の経営資金の出所などの反映があるかとも考えられる。しかし実情は、食べ物や車に起こっている溶解または融合の現象と同じで、アメリカの空手も韓国や中国の護身術などと混ざってしまったのだ。ドージョーに通って習う人も、そのスクールが何流であるかとかはあまり気にしないようだし、一般の人にとってはカラテもボクシングもレスリングも鎖術も忍術も居合も柔術も一律にマーシャル・アート（戦闘術）である。日本のスポーツだとはっきり区別できる柔道は少なく、**Jujitsu**（柔術）は各種の「カラテ」やボクシングや射撃術のようなアートと混ぜられて、**FBI**や警察や軍隊に取り入れられて、「影響」を続けている。

Zori（草履）の例はどうか。日本名が受け入れられているらしいが、はたしてあの履物が日本の草履の影響によるものかはっきりしない。サンダルとかソング（Thong）という、同じような履物が存在するからである。そんな履物はエジプトやギリシャやローマの時代以前から、皮や草などで作られていた。現代アメリカでいうゾーリとは、多分東南アジアかどこかで生産された、プラスチックやコルクに鼻緒の付いた簡単な構造の履物の総称である。「ゾーリ」と「ソング」と「サンダル」の区別は漠然としている。アジア諸国やブラジルやイタリアやドイツや中国という、アメリカ市場の靴の原産地によって区別があるのかもしれない。時々高価らしい立派なサンダルやソングを見る。ある靴屋では、普通の靴以外の履物を何でもゾーリとして並べていた。この現象は単に用語の問題、または物の定義の問題かもしれない。

アメリカの学童や学生の鞄も影響の事例に入るかもしれない。むかしわたしの娘が初めて日本を訪れたとき、同じ年ごろの学童たちが背にしている鞄は何かと不思議がったことがある。無理もない。三十年ぐらい前のアメリカの学童は、ほとんど手ぶらで学校へ行っていたのだ。当時は教科書も用品類も学校に備えてあったので学校鞄というものがなく、したがって家庭で教科書を開き予習復習するというコンセプトもなかった。日本や韓国や東南アジア諸国のように教育に熱心な国とアメリカの教育レベルに大きな差があることが明らかになったのは、その後何年かたってからだった。識者はアメリカの学童の通学日数を日本に見習って増やしたほうがいいとか、そうすると学童の夏休みが短くなるとか、そんなことは教師の給与をもっと増やさなければできることではないとかいろいろ議論したものだ。が、アメリカの教育レベルは結局向上せず、そのまま何年かたった。近年になってアメリカの子どもたちが通学バスに乗るとき背負い鞄を持つようになったのは、日本の学童たちがランドセルを背負う習慣の「影響」だと、わたしはひそかに思っている。これでもしアメリカ学童の勉強レベルが上がってくれれば、そのときこそ日本の教育制度がアメリカに好影響を与えたといえるだろう。

ランドセルとは別に、肩に掛ける日本の学生鞄の影響もあったのではないか。肩や背に掛ける鞄は、どの文明のどの時代にも存在した。アメリカのヒッピーの時代、長髪とボロ服の時代、既成の組織や制度に反抗した若者たちが身に付けたずだ袋は、ヨーロッパ中世の旅人らが斜めに肩にかけた皮鞄の変形であろう。しかし、そのころ、日本留学から帰った学生やその仲間が、日本製に違いないズック鞄を片方の肩にかけてわたしのクラスに入って来るのを見ている。キャンパスで気をつけて見ると、日本製の肩掛け鞄はファッションで、ヒッピーの手製鞄に比べて高級品と目されているようだった。ラップトップ・コンピューターの時代になってからは、それまで皮の手提げカバンを持っていたビジネスマンが、昔のズックの肩かけ鞄のような入れ物にコンピューターと書類を入れて歩いている。

また、ヒッピーの時代にはタイダイが流行った。タイダイとは「Tie-dye（括り染め）」で、日本に古くから存在する絞り染めと同じである。京都に住んだ経験のある同僚のワイフが流行に一役買って、生計を助けていた。大企業の既製品をよしとしなかった男女が、競って独自の柄とデザインで布を染め、それでずんべりした服やシャツを作って着た。ちょっと芸術肌の人は、同じ染料から蝋けつ染めを作って売った。それらの技法をアートのクラスに取り入れる中学校や小学校ができた。これらは、日本の縮緬やかすりや暖簾や座布団の美しさに惹かれた学生や軍人の家族たちが、日本から持ち帰ったのだろうか、新奇を求めるデザイナーがアフリカかどこかの古い方法から習ったのだろうか。アフリカのどこかの国などにすばらしくモダンな絞り染めがあるので、どちらとも言えない。ゾーリの例と同じく、タイダイも蝋けつ染めも、人類古代から存在していたのだろう。

いまFutonとして受け入れられている布団も、既成文化に満足せず、因習にとらわれない自由な生活を求めた若者たちの時代にアメリカに入った。彼らにとっては、ベッドは固定的で、融通自由が利かず、場所ふさぎのうえ、枠やシーツや毛布など別の部品も必要な、高価な既成文化の遺物のような存在だった。わたしは一九七〇年代の初頭、学生新聞や地方の新聞にしばしばFutonの広告が出ているのを見た。当時のフトンは、折り畳みはできたが堅くて重い敷物で、それを学生たちは乱雑な部屋の床にそのまま広げて使っていた。また、家具屋に行くと折り畳むと椅子にもなる木製のベッド枠に、フトンを組み合わせて売っていた。時代が変わり、アメリカ人の生活も変わり、フトンの中に入れる材料も変わった。フトンはコンフォーター（Comforter＝安楽かけ布団）と呼ばれることになった。以来、アメリカのほとんどの家庭で、日本の羽布団のようなコンフォーターがベッドのシーツと毛布に取って代わっているが、これは寝具に関する日本の第二の影響なのかヨーロッパのどこかからの影響なのか分からない。日本の柔らかな布団の影響だとすれば、なぜその名前をフトンのままにしておかなかったかという疑問がわく。

それで「フトン」はもう名も実も廃れたのかと思っていたところ、テレビでジョージ・W.ブッシュ大統領の公用機、エアー・フォース・ワンの内部紹介があったとき、気がついた。テレビのレポーターはある一室のソファを示して、これは特別製の「フトン・カウチ（布団付き長椅子）です」と解説した。大統領が機上で時々横になって休むこともできるためのものらしかった。この大統領は、若者の反逆時代にコネチカット州の大学にいたはずだ。

あとがき

本書は「音楽」から書いた。二〇〇一年の初夏のある日、ワシントンの美術館や博物館が立ち並ぶ広場を歩いていて、そこに場違いのように一つだけ置いてある回転木馬が奏でているのが、昔日本で聞いた古い歌だと思った経験が動機だった。そのときわたしの頭には日本が渦巻き、歌ばかりでなく、その朝新聞で読んだアメリカの俳句のことや、アメリカの美術館に展示されている日本の物品や、アメリカの大学の日本研究のことが湧いてきて、アメリカの中の日本、日本から来た文物やその影響の諸相について考証することは、さほど難しいチャレンジとは思えなかった。

しかし、「アメリカの中」と「日本」という肝心な言葉の意味範囲を決めておく段階で、すぐにこれは難しい仕事だと気づいた。アメリカと一口に言っても、その人種や社会や文化は複雑で、しかも近年特にそれらの変容ぶりは大きい。その変容に日本―日本的なもの―が一役も二役も買っていることに間違いはないのだが、それならば何がどこでどのようにして貢献したのかを選定することは難しく、考えも容易にはまとまらなかった。わたしは社会学にも政治学にもトレーニングがないので、結局それを実証できる自分の身近な事象だけに限ろうと決めて、「まえがき」のあらましを作り、メモや頭にあったトピックについて書いていくうちに、自分の範囲の枠外に大事な日本があることが心配になったり、枠内でも気がつかないところに大事な事項があるのではないかと不安になったりした。また、自分が選んで書くことにどれほどのオリジナリティーがあるだろうかと疑念も湧いた。反面、いろいろ捨てるには惜しい記憶が浮かび上がったりしたが、とにかく主題も、トピックも、その扱いもは自分で決めた境界の枠に寄りかかるようにした。そして、正確を期し、かつ事例が単なる羅列にならないように努めたのだが、具体的な事象は普遍論とならぬ面も生じ、本として不足なところができたのはひとえにわたしの非力のせいである。

本書にとって、日本の宗教も思想も扱うべきトピックであるかもしれない。SatoriとかZenとかD.T.Suzukiなどの語がまず頭に浮かぶのだが、禅思想についてはすでに種々の研究書や一般書がある。それに、禅は元は中国のものであって、東洋思想と呼ぶのがふさわしいと思う。アメリカの中の日本宗教としては、戦後の新興宗教を含めて仏教諸派の活動はあり、敬けんに信仰を守っている人たちがいるが、その存在は希薄に見え、アメリカの細胞に浸透定着しているとはいえないようだ。しかし、むかしの大学の極東研究プログラムでは、宗教と思想が重要課題であって、わたしは日本のKamiやTsumiと西欧のGodやSinの対比や、Douzoku（同族）とかSeken-sama（世間さま）などの定義や役割について、人類学や歴史学や教育学の専門家らの共同講義を聞き、書いたものを読んだ。自分の娘を実際にKamiと命名した論理学者や、本居宣長を研究トピックとした学生とも話した。わたし自身は、教室で俳句の説明と解釈をするとき禅思想を、また能の解読を試みるとき仏教の輪廻や救済の思想を、それぞれ援用する以外はほとんど信仰に関係なく、いつも中立のヒューマニストとしてアメリカに生きた。

また、日本と直接関係があっても、政府や、公私の機関や、種々団体の活動には立ち入らなかった。家庭、特に子育てと家庭教育については、おもしろい対比があると思ったが、それは影響を探る本書の枠外であった。別に、アメリカの学校教科書に入っている日本とか、アメリカの文学や映画作品に扱われた日本や日本人というトピックがあったが、前者にはすでに専門家の研究レポートなどあることだし、後者は膨大な資料と時間を必要とすることが分かっていた。わたしは自分に残された時間を見て先を急いだ。

日本語でものを書くにあたって、わたしは英語で書くときのように楽に書き直したり編集したりすることができるコンピューターのソフトウェアを探した。使おうと決めたソフトウェアは、今イチローで有名なプロ野球のマリナーズのある、シアトルの会社の製品だった。それは優れた日本人の頭脳が作ったに違いなく、仮名使いはもちろん、わたしが遠く忘れていた漢字や熟語、ときには表現まで内蔵していて、教示してくれた。しかし教示にもにもかかわらず、わたしは書きよどんだ。自分の漢字や熟語や仮名づかいも問題だったが、文の構成についての感覚が狂っている感じだった。文中の主語や動詞、目的語、修飾語、句の位置や、接続詞や句読点の使用について考えねばならなかった。本書の拙い文は、「アメリカの中の日本」の一つの顕著な事例になるかもしれない。

わたしはほぼ半世紀前、アメリカ生活をシアトルで始めた。そこには古くからの日本人移民が大勢住んでいて、わたしはその人たちの日本語を明治時代の言葉と聞いたものだ。ちょうどそのように、今のわたしの言葉も過去の日本語であるに違いない。しかしわたしは、現代日本に氾濫する英語やその他の外国語に基づいた言葉を使うことに、少し抵抗を感じるのだ。日本語のテレビや日本から新着の雑誌に使われている外来語とそのバリエーションは驚異でしかない。わたしは浦島のようなものかと思う。

しかし言葉――それはいつもわたしの一大関心事で、実はこのような文を書く一つの意図は、ひそかにその言葉への愛着を保つためであった。言葉は生きていて、人や物に生気を与えたり、また腐らせたりすることもあり、そしてそれ自体が死語となってしまうことがある。わたしは日本から来ていた学生に「先生、推薦状を書いてくれませんか」と言われて、ちょっと言葉づかいが粗いのではないかと思った経験がある。後で、新しく着任した同僚に日本の敬語や尊敬語について話したとき、彼は、その学生の言葉は今の日本では普通ですと、わたしの不明を諭してくれた。それがもう三十年も前の話だ。

五十年前のシアトルには、日本語新聞社が漢字に振り仮名を付けた新聞を出しており、仏教会もあり、俳句や短歌を書いたり、詩吟のできたりする老いた日本人移民が健在だった。新聞社の編集者は、早稲田大学出身の中年の寡黙な人だった。戦後初期のエリート官費留学生も少数いた。また、どのようにしてアメリカに来たのか、昼間働きながら夜は英語を習いに学校に通う日本からの若者もいた。ある一世老人は、「八雲たつ出雲を出でて五十年……」という堂々とした短歌を詠み、天皇家の歌会始に招待された。一方、歌も書けず、それまで五十年間一度も生まれ故郷を見る機会もなく、小さな日本食品店の奥の物置の高椅子にぽつんと止まってコーヒーをすすりながら、一個のドーナツを食べている古い言葉づかいの日本人もいた。シアトル港には時々太平洋航路の日本の客船が入っていたが、まだ「里帰り便」とか「夏休み帰省便」などの宣伝文句で現代学生らに呼びかける「激安」ジェット機などとても無い時代だった。わたしは本書を、そんな昔の日本人にも読んでもらえたらと願う。

繰り返すが、アメリカ合衆国は何でも融合したり溶解したりして元の形やスピリットを変えてしまうようなので、その中の日本も次第に認知できにくくなっている。個の特徴や違いは、それが人種でも言葉でも物品でも価値観でも思想でも、たぶん宗教は別として、特徴のつかみにくい「衆」（「烏合の衆」ならずとも）になっている。ポリティカル・コレクトネス（今の政治や権力に沿うような言動をして身を守る）の風潮がはびこり、アメリカは画一化されていく傾向にあるようだ。その中で溶かされないうちに、わたしは日本について記しておくことは有意義なことと信じる。

本書の刊行は岡山の大学教育出版が引き受けてくれた。岡山はわたしの育った所で、両親の墓もあり、またアメリカと日本の両方で恩顧を受けた故谷口澄夫教授ゆかりの地である。大学教育出版の佐藤守社長の裁断に感謝する。そして、古い言葉で書いたわたしの原稿に対処しなければならなかった編集部の忍耐力と仕事の細密さに敬意と謝辞を呈する。また、妻一子からアメリカ議会図書館の情報についての助言と、校正に多大な助力を得た。

ジェイムズ R・モリタ
（森田良作）

二〇〇三年四月

■著者略歴

ジェイムズ R. モリタ（James R. Morita）

1931年北米オレゴン州に生まれ、岡山で育ち、現ワシントン住。岡山大学 B.A.、ミシガン大学 M.A.（極東研究）M.A.L.S.（図書館学）、シカゴ大学 Ph.D.（東洋語文明）。オレゴン大学助教授を経て、オハイオ州立大学教授（日本文学）。英文による「我楽多文庫」「しがらみ草紙」の研究、島崎藤村、金子光晴、吉増剛造、その他おもに現代詩と詩人についての著作論文と翻訳と多数の書評があり、日本文では宮沢賢治、金子光晴、井上靖、夏目漱石らの詩についてなどの編著と雑誌論文がある。（著作論文の検索には Morita, James R. と モリタ、ジェイムズ R. の両方を使われたい。）

アメリカの中の日本

2003年8月30日　初版第1刷発行

■著　者――ジェイムズ R. モリタ
■発行者――佐藤　守
■発行所――株式会社 大学教育出版
〒700-0953　岡山市西市855-4
電話（086）244-1268　FAX（086）246-0294
■印刷所――互恵印刷（株）
■製本所――（有）笠松製本所
■装　丁――ティーボーンデザイン事務所

ISBN4-88730-539-7